한국어 기초 글쓰기와 표현

집필

최수진 문학박사
건국대학교 상허교양대학 강의초빙교수

박혜란 문학박사
건국대학교 상허교양대학 강의초빙교수

한국어 기초 글쓰기와 표현

1판1쇄 찍은날 2023년 9월 8일
펴낸날 2023년 9월 15일

지은이 최수진 · 박혜란
펴낸이 전영재
표지디자인 김인혜
편집 임경희

펴낸곳 건국대학교출판부
등록/제4-3호(1971. 6. 21.)
주소/05029, 서울특별시 광진구 능동로 120
전화/편집팀_(02) 450-3891~2 영업팀_(02) 450-3893
팩스/(02)457-7202
홈페이지/http://press.konkuk.ac.kr
e-mail/press@konkuk.ac.kr

찍은곳 네오프린텍(주)

정가 16,000원

ISBN 978-89-7107-776-4 13710

한국어

기초 글쓰기와 표현

최수진·박혜란 공저

건국대학교출판부

머리말

『한국어 기초 글쓰기와 표현』은 외국인 학생을 대상으로 한 한국어 글쓰기 강의용 교재로 워크북을 겸할 수 있도록 하였습니다. 본 교재는 TOPIK 중급 이상의 대학(원)생과 예비 대학(원)생이 대학 강의를 수강할 때 필요한 글쓰기 방법을 담고 있습니다. 특히 외국인 학생의 성공적인 대학(원) 생활을 위해 보고서 작성에 초점을 맞추었습니다.

본 교재는 총 12개 과로 1부 기초 익히기와 2부 보고서 작성하기로 이루어져 있습니다. 1부 기초 익히기는 학술적인 보고서 작성을 준비하는 부분입니다. 외국인 학생이 구어체와 문어체의 차이를 인식하여 문어체 표현을 익히는 것부터 시작하여 올바른 한국어 문장과 단락을 연습하도록 하였습니다. 그리고 글쓰기의 윤리적인 측면에서 인용하는 방법과 출처를 밝히는 방법을 이해한 후 연습할 수 있도록 하였습니다.

2부 보고서 작성하기는 단계별로 보고서를 작성하면서 작성 방법을 익히는 부분입니다. 외국인 학생 스스로 주제를 선정한 후 도서관에서 자료를 찾아 그 자료를 바탕으로 개요를 작성하고, 서론, 본론, 결론을 작성할 수 있도록 하였습니다. 그리고 보고서의 높은 완성도를 위한 방법으로 모둠별 합평을 통해 보고서를 고쳐 쓸 수 있도록 하였습니다.

부록으로 건국대학교 상허기념도서관 이용 안내와 외국인 유학생의 대학 보고서 예시를 넣었습니다. 도서관을 잘 이용하면 좋은 보고서의 토대를 마련할 수 있을 것입니다. 그리고 또래 학우의 보고서를 읽으면서 글쓰기 실력이 발전하기도 합니다. 이에 건국대학교에 재학 중인 유학생의 보고서 3편을 부록으로 제시하여 보고서 작성에 도움이 되도록 하였습니다.

건국대학교 상허교양대학 기초교양 교과목 표준화 작업을 진행하면서 본 교재 출간까지 생각하게 되었습니다. 본 교재가 출간되기까지 여러모로 도움을 주신 건국대학교 상허교양대학 국제학부 박상도 학부장님을 비롯하여 교양교육센터, 상허기념도서관, 출판부 모든 분께 감사를 드립니다. 더불어 본 교재가 나올 수 있도록 수업에 적극적으로 참여하고 보고서를 제출해 준 건국대학교에 재학 중인 많은 유학생에게 진심으로 고마운 마음을 전합니다. 무엇보다 본 교재를 통해 외국인 학생이 자신의 견해를 한국어로 잘 표현할 수 있기를 바랍니다.

2023년 7월

저자 일동

차 례

2부 보고서 작성하기

1부

기초 익히기

1과

대학에서의 글쓰기

학습 목표

1. 한국에서 대학 생활에 필요한 글쓰기를 안다.
2. 대학 보고서 쓰는 과정을 설명할 수 있다.

준비하기

1 한국어로 글을 쓸 때 무엇이 어려운지 이야기해 봅시다.

- 저는 언제 '은/는'을 사용해야 하고, 언제 '이/가'를 사용해야 하는지가 어려워요.
-
-
-

2 이번 방학에 친구들과 여행을 가려고 합니다. 여행 준비과정을 써 봅시다.

여행 장소 정하기	›		›		›		›		›	

1 한국어로 글쓰기

다음 상황에서 어떤 글이 필요할지 찾아 써 봅시다.

기획안	발표 자료	보고서	보도자료	사용설명서
시험 답안	입사지원서	연구계획서	자기소개서	홍보문

(1) 문화콘텐츠학과에 재학 중인 미국 학생이 '대화의 지혜와 기법'이라는 교양 과목을 수강하고 있다.

→

(2) 경제학과에 입학하는 중국 학생이 장학재단의 유학생 장학금을 지원받고자 한다.

→

(3) 경영학과 졸업 예정자인 베트남 학생이 졸업 후 한국 대기업의 기획실에서 근무하고자 한다.

→

(4) 영어영문학과 4학년 몽골 학생이 전문경영인의 꿈을 갖고 한국 대학 경영학 석사과정 진학을 준비하고 있다.

→

(5) 올해 미디어커뮤니케이션학과를 졸업하면서 전자 회사에 취직한 일본인이 가전 홍보팀에 근무하게 되었다.

→

■ 중간고사나 기말고사 볼 때 나는 어떻게 하는지 생각해 본 후 올바른 방법에 관해 함께 이야기해 봅시다.

- ⊘ 암기가 중요하다. 교수님의 강의 내용을 외워서 쓴다.
- ⊘ 정보력이 중요하다. 과거 해당 교과목의 시험 문제를 최대한 구해서 준비한다.
- ⊘ 말이 중요하다. "교수님, 죄송합니다. 하지만 감사했습니다."로 답안 작성을 대신한다.
- ⊘
- ⊘
- ⊘

■ 보고서와 같은 과제물 작성 시 나는 어떻게 하는지 생각해 본 후 올바른 방법에 관해 함께 이야기해 봅시다.

- ⊘ 인터넷 검색이 중요하다. 검색을 통해 관련 자료를 최대한 모아 제출한다.
- ⊘ 편집이 중요하다. 필요한 부분을 복사해서 편집을 잘한다.
- ⊘ 번역이 중요하다. 우리나라 사이트에서 관련 글을 찾아 번역기로 번역을 잘한다.
- ⊘
- ⊘
- ⊘

◘ 다음을 읽고 이야기해 봅시다.

❶

민준: 또 게임해? 게임 중독된 거 아냐?

중독? 게임 좀 한다고 다 중독이냐?

민준: 진짜 게임 중독된 거 같아.

좋아하는 것 좀 한다고 다 중독이냐? 스트레스도 풀리고 좋잖아.

민준: 스트레스가 풀려? 잘 안 될 때는 짜증나지 않아?

❷

온라인 게임의 가장 큰 문제는 '중독성'이다. 처음에는 재미나 흥미로 시작하지만, 어느 순간부터는 게임을 하지 않고는 견디지 못하는 상태에 이르게 된다. 게임을 못 하면 불안을 느끼는 경우 게임 중독을 의심해 봐야 한다. 게임에 몰두해 매번 약속한 게임 시간을 넘기거나 학업이나 일상생활에 많은 지장을 받기도 한다. 세계보건기구(WHO)는 이러한 게임 중독을 '질병'으로 규정했다. 게임 중독이 치료가 필요한 질병이라는 것이다.

(1) ❶과 ❷는 형식과 표현 측면에서 어떻게 다른지 이야기해 봅시다.

(2) ❶과 ❷의 차이를 정리해 봅시다.

❶ 구어체	❷
• 대화 • 피드백이 바로 가능하다. • • •	• 보고서 • 일방적이다. • • •

2 좋은 보고서 쓰기

◘ 여행을 떠날 때 준비과정이 필요하듯이, 글을 쓸 때도 일정한 과정이 있습니다. 일반적인 과정을 살펴봅시다.

계획하기 ⇨ 표현하기 ⇨ 고쳐쓰기

✎ 보고서를 쓸 때 어떤 과정에 따라 쓰는지 보기에서 찾아 써 봅시다.

보기

집필하기　자료 선택　주제 설정　개요 작성　퇴고하기　자료 수집

주제 설정	›		›		›		›		›	

좋은 글이 갖추어야 할 요건에 관해 이야기해 봅시다.

- 논리적인 글
- 정성이 담긴 글
-
-
-
-
-
-
-

좋은 보고서는 정확성, 논리성, 독창성을 갖추어야 합니다. 다음을 읽고 보고서의 어떤 요건에 해당하는지 찾아 써 봅시다.

정확성 → 논리성 → 독창성

- 내용이 정확해야 한다. – 정확성
- 논리적으로 구성해야 한다. –
- 글쓴이만의 생각이 잘 드러나야 한다. –
- 주어와 서술어의 호응이 이루어져야 한다. –
- 여러 글을 많이 읽고 비판적으로 생각하려는 노력이 필요하다. –
- 문장과 문장, 단락과 단락 사이에 긴밀성, 통일성이 있어야 한다. –
- 다른 사람의 글을 참고하되, 자신의 언어로 표현할 수 있어야 한다. –

학교생활 더하기

이메일 쓰기

제목	보낸 사람 + 간단한 메일 내용	[경제_진풍] 한국어 기초 글쓰기와 표현 개강일 결석 관련해서 말씀드립니다.
서론	받는 사람 + 인사말 + 자기소개	홍길동 교수님께 안녕하세요. 한국어 기초 글쓰기와 표현 수강생인 경제학과 20학번 진풍이라고 합니다.
본론	용건	지난주에 교수님의 수요일 오후 수업인 한국어 기초 글쓰기와 표현 수업을 수강 신청하였습니다. 그런데 제가 어제 병원에 입원하게 되어서 첫 수업에 참석하기 힘들 것 같습니다. 죄송합니다. 교수님께서 보실 수 있게 제 입원 관련 서류를 첨부파일로 함께 보냅니다. 둘째 주 수업부터 지각이나 결석 없이 성실하게 수업에 참석하겠습니다.
결론	건강 기원 + 끝인사 + 보낸 날짜와 사람	무엇보다 환절기에 건강 관리 잘하시기를 바랍니다. 그럼, 수업 시간에 뵙겠습니다. 안녕히 계십시오. 2023. 3. 1. 진풍 올림.

주 의 사 항

- 제목은 메일 내용 전체를 읽지 않아도 내용을 어느 정도 알 수 있게 쓴다.
- 자기소개 시, 수강하는 교과목명과 자신의 소속 학과, 성명을 함께 써야 한다.
- 메일 내용은 가능하면 두괄식으로 간결하게 쓴다.
- 첨부파일을 첨부했을 때, 어떤 첨부파일인지 간단히 설명한다.
- 메일에 유행어나 줄임말은 쓰지 않는다.
- 교수님과 같이 윗사람께는 '○○○ 올림.', 공적인 사이에서는 '○○○ 드림.', 친구나 후배에게는 '○○○ 씀.'이라는 표현으로 끝낸다.
- 메일을 보내기 전에 내용을 다시 읽으면서 틀린 부분은 없는지, 빠뜨린 내용은 없는지 꼼꼼하게 점검한다.
- 메일을 보내기 전, 메일 주소가 맞는지 다시 한번 확인한다.

5월 15일, 스승의 날을 맞아 이번 학기 수강하고 있는 과목 담당 교수님께 감사의 마음을 담아 감사 메일을 써 봅시다.

2과

말과 글

학습 목표

1. 구어체와 문어체의 차이를 안다.
2. 격식체와 비격식체의 차이를 안다.

준비하기

1 다음을 구어 또는 문어로 구분해 구어는 '구'로, 문어는 '문'으로 써 봅시다.

- 어제 친구랑 재밌게 놀았어요. (구)
- 주말에 가족과 바다에 가려고 한다. (   )
- 친구 생파 때문에 오늘 집에 늦게 가요. (   )
- 담 학기 인턴십 프로그램에 참석하고자 합니다. (   )
- 불편하신 점을 알려주시면 바로 처리해 드리겠습니다. (   )
- 우리는 살면서 서로 생각이 달라 갈등을 겪는 경우가 많다. (   )

2 여러분의 모국어도 말과 글이 다릅니까? 어떻게 다른지 이야기해 봅시다.

1 구어와 문어

말을 할 때와 글을 쓸 때의 차이

구어(口語, spoken language)	문어(文語, written language)
한국어 좋아해.	나는 한국어를 좋아한다.
전 건대 신입생이에요.	나는 건국대학교 신입생이다.
대학생은 KTX 표 싸게 살 수 있어요.	대학생은 KTX 할인을 받을 수 있다.

구어와 문어의 특징

	구어(입말)	문어(글말)
높임 표현	청자에 따라 높임말, 반말을 쓴다. 예) 저는 어제 서울에 왔습니다. 나는 어제 서울에 왔어.	상대를 높이지 않는다. 예)
주어와 조사	생략하는 경우가 있다. 예) 어제 게임 했어.	생략하지 않는다. 예)
줄임말	사용한다. 예) 근데 오늘 학관에 가야 해.	사용하지 않는다. 예)
어순	지키지 않는 경우가 있다. 예) 영화를 보고 있어, 난 누워서.	지킨다. 예)
부사어	예) 무지, 엄청, 정말, 진짜	예) 대단히, 매우, 무척, 아주

다음을 구어와 문어로 나눠 써 봅시다.

되게	근데	그리고	에게	그런데
–ㄴ다/는다	와/과	하고	–(으)ㄹ 것이다	–(으)ㄹ 거예요
랑/이랑	–아/어/해요	한테	–(으)ㄹ 것 같아요	–(으)ㄹ 것으로 생각한다

⇩

구어(입말)	문어(글말)
되게	–ㄴ다/는다

다음을 문어체로 바꿔 써 봅시다.

(1) 이번 시험 되게 어려웠어.

→ ______________________________

(2) 이 문제를 어떻게 생각해요?

→ ______________________________

(3) 전 이번 방학엔 고향에 갈 거예요.

→ ______________________________

(4) 금욜에 여친이랑 발표 준비할 거야.

→ ______________________________

(5) 아점 먹고 친구하고 도서관에 가기로 했어.

→ ______________________________

(6) 무분별하게 개발해서 자연재해가 자주 일어나요.

→ ______________________________

(7) 시험 기간이라서 그런지 도서관에 자리가 없더라고요.

→ ______________________________

(8) 이 문제를 다양한 측면에서 살피는 것이 중요하다고 생각해요.

→ ______________________________

(9) 수업 참여도 성적에 들어가니까 항상 열심히 수업에 참여해야 해요.

→ ______________________________

(10) 환경오염이 점점 심각해지고 있지만 사람들은 이 일에 관심이 없어요.

→ ______________________________

2 격식체 쓰기

문장을 끝맺는 방법

(1) –ㄴ다/는다

대표적인 문어체 형식으로, 일반적인 글쓰기에서 사용한다.
대학 글쓰기에서는 과제 보고서나 시험 답안을 작성할 때 사용한다.

(2) –ㅂ/습니다

자기소개서를 작성할 때 사용한다.
여러 사람 앞에서 발표할 때 사용한다.

격식체와 비격식체

- **격식체**: 하십시오체는 공식적인 상황에서 쓰는 종결 표현이다. 예) 면접
- **비격식체**: 해요체, 해체는 주로 사적인 상황에서 쓰는 종결 표현이다. 예) 일상 대화

		평서문	의문문	명령문	청유문	감탄문
격식체	하십시오체	–ㅂ/습니다	–ㅂ/습니까?	–(으)십시오	(으)시지요	
		갑니다	갑니까?	가십시오	가시지요	
비격식체	해요체	–아/어/해요	–아/어/해요?	–아/어/해요	–아/어/해요	–아/어/해요!
		가요	가요?	가요	가요	가요!
	해체	–아/어/해, –지	–아/어/해?, –지?	–아/어/해, –지	–아/어/해, –지	–아/어/해!, –지!
		가, 가지	가?, 가지?	가, 가지	가, 가지	가!, 가지!

그 외 격식체

· 하오체: 상대방을 보통으로 높이는 종결 표현으로, 현대에서는 거의 사용하지 않는다. 예) 가시오, 가오?
· 하게체: 상대방을 보통으로 낮추면서 약간 대우해주는 종결 표현으로, 나이가 많은 화자가 비슷한 나이의 친한 사람에게 사용한다. 예) 가네, 가나?
· 해라체: 상대방을 아주 낮추는 종결 표현이다. 예) 간다, 가느냐?

✎ 다음 일본 유학생이 쓴 보고서 일부를 '-ㄴ다/는다'로 올바르게 고쳐 봅시다.

커뮤니케이션 디자인학과에 관해서 소개하겠습니다. 커뮤니케이션 디자인학에서 가장 중요한 것은 창의성입니다. 따라서 새로운 아이디어를 낼 수 있는 능력이 필요해요. 그리고 웹이나 SNS 등 다양한 미디어를 잘 활용할 수 있는 능력도 중요해요. 디지털 첨단 미디어에 대한 이해와 활용 능력이 있어야 합니다. 오늘날 사회에서 커뮤니케이션 디자인 분야 전공자에 대한 수요는 계속 증가하고 있어요.

커뮤니케이션 디자인학과는 취업 범위가 넓습니다. 따라서 졸업 후 자신이 원하는 직업을 위해 취업 방향을 생각하면서 공부하는 것이 필요합니다. 하지만 미래에 다양한 미디어 중 어느 미디어가 가장 효과적으로 메시지를 잘 전달할 수 있을지 정확히 알 수 없어요. 따라서 다양한 디자인 방식을 전반적으로 공부할 필요도 있습니다.

⇩

커뮤니케이션 디자인학과에 관해서 소개하겠다.

✎ 같은 수업을 수강하는 학우들과 교수님께 자기소개하려고 합니다. 3~5단락으로 다음을 중심으로 자기소개서를 작성해 봅시다. 그리고 자기소개서를 다 쓴 후, 제목도 붙여 봅시다.

서론: 성명, 국적과 고향, 학년과 전공
본론: 현재 생활과 교내외 활동 (대학 생활, 동아리 활동, 취미 생활, 아르바이트)
결론: 이번 학기 목표와 계획

자기소개서의 내용

- 구체적인 최근 경험 위주로 쓴다.
- 나의 장점이 잘 드러나는 경험과 활동을 중심으로 쓴다.
- 상대방이 나에 대해 궁금해할 수 있는 내용 위주로 쓴다.
- 아르바이트하면서 스스로 배운 것을 쓴다.

꿈을 좇는 나

영상영화학과 우근유

한국에 온 지 1년 된 중국인 우근유입니다. 배우의 꿈을 가지고 한국에 와서 그 꿈을 이루기 위해 영상영화학을 공부하고 있습니다.

저는 고등학교 1학년까지 펜싱 선수로 활동했는데, 부상으로 인해 그만두게 되었습니다. 어린 시절부터 펜싱이라는 한 길만 바라봤는데 선수의 길을 포기할 수밖에 없어 삶의 의욕을 잃었습니다. 그러던 중 우연히 동아리에서 연기를 배우면서 다시 제 가슴이 뛰는 것을 느꼈습니다. 제가 펜싱을 오랫동안 할 수 있었던 이유는 펜싱을 좋아했기 때문도 있지만 한 가지에 몰입을 잘했기 때문이기도 합니다. 펜싱처럼 연기도 몰입해야 하는 일이라 저는 연기가 제 적성에 잘 맞는다고 확신했습니다.

지금은 배우의 꿈을 이루기 위해 열심히 노력하고 있지만 어려운 점도 있습니다. 한국에서 대학에 다니며 한국어로 자연스럽게 대화하는 것이 쉽지 않습니다. 저는 이런 어려움을 극복하기 위해 한국 친구들과 한국어로 대화도 많이 나누고, 한국 드라마도 매일 보면서 한국어 표현을 열심히 익히고 있습니다.

과거에는 텔레비전 드라마나 영화를 통해서만 배우를 만날 수 있었지만, 오늘날 우리는 다양한 플랫폼을 통해 배우를 만납니다. 일반인도 다양한 경로를 통해 작품을 만들기도 하고, 마치 배우가 되어서 대중과 만나기도 합니다. 그래서 저도 저의 꿈을 폭넓은 방향으로 생각하면서 배우의 꿈을 이루기 위해 노력 중입니다.

댄스와 프로그래밍

컴퓨터공학부 하라다카호

한국에 온 지 4년 된 일본인 하라다카호라고 합니다. 컴퓨터 하나만 있으면 언제 어디서든 일을 할 수 있는 프로그래머라는 직업에 큰 매력을 느껴 전공으로 컴퓨터공학을 선택해 공부하고 있습니다.

제 취미는 댄스입니다. 요즘 일주일에 세 번 댄스학원에 가서 K-POP과 힙합 안무를 배우고 있습니다. 댄스는 쉽지 않지만, 연습을 많이 할수록 실력이 늘어서 재미있습니다. 저는 운동을 좋아하지 않았지만, 댄스를 배우기 시작하면서 몸을 쓰는 재미를 발견하게 되었습니다.

올해 초부터 학부 연구실에 소속되어 기계학습에 관해 연구하고 있습니다. 영어로 된 논문을 읽는 데 시간이 오래 걸리지만 흥미로워서 요즘 재미있게 공부하고 있습니다.

건국대학교에서 많은 것을 배워서 프로그래머로서 세계를 누비며 일하고 싶습니다. 그리고 부모님께 효도하는 것이 제 인생의 목표입니다.

학교생활 더하기

국립국어원 이용하기

한국어에 대해 모르는 것이 있을 때 국립국어원(https://www.korean.go.kr)의 '온라인 가나다', '국어생활종합상담실', '우리말 365'를 통해 질문할 수 있다.

- 온라인 가나다는 국립국어원 홈페이지에 있으며, 인터넷에서 검색으로 찾을 수도 있다. 궁금한 점이 있을 때 온라인 가나다에 글을 올려 모르는 것을 질문할 수도 있고 다른 사람이 한 질문을 찾아 답변을 볼 수도 있다.
- 국어생활종합상담실은 1599-9979로 전화하여 질문을 하는 것으로, 바로 답변을 들을 수 있다는 장점이 있다.
- 우리말 365는 카카오톡 채널을 추가한 후 카카오톡으로 손쉽게 질문을 하고 답변을 받을 수 있다.

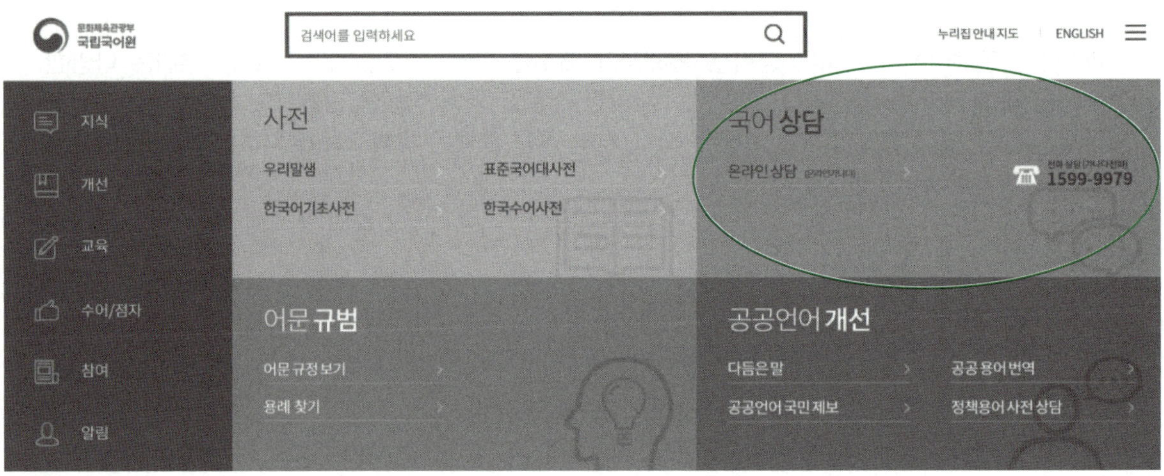

평소 한국어에 대해 궁금했던 것을 '온라인 가나다'에 질문해 봅시다.

- 온라인 가나다: 질문에 대한 답변은 휴일을 제외하고 다음 날까지 완료되며, 상황에 따라 조금 늦어질 수 있다.
- 국어생활종합상담실: 1일 3회, 1회 10분 이내 사용할 수 있다.
- 우리말 365: 1일 5회까지 질문할 수 있다.

한국어 기초사전

국립국어원에서 만든 외국인을 위한 한국어 학습 사전이다.

사용 방법

- 검색창에 직접 검색하거나 '자세히 찾기'에서 조건을 넣어 검색할 수 있다. 홈페이지의 언어를 한국어뿐만 아니라 다른 언어로 바꾸어 사용할 수 있다.

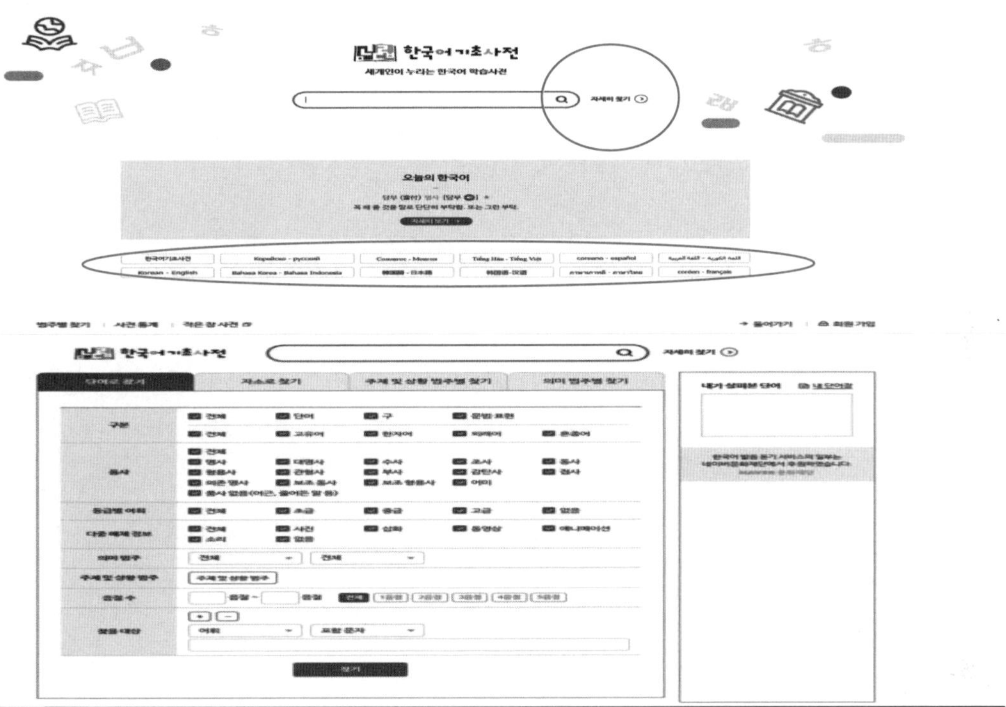

다음을 한국어 기초사전에서 찾아봅시다.

- 탐구:
- 보편적:
- 철두철미하다:

3과

문장 쓰기

학습 목표

1. 조사에 따라 의미 차이가 있음을 이해한다.
2. 문장성분 간의 호응이 올바른 문장 쓰기에 중요한 요소임을 안다.

준비하기

1 다음에 적당한 조사를 넣어 문장을 만들어 봅시다.

나	룸메이트	밥	먹는다

- 나는 룸메이트와 밥을 먹는다.
-
-
-
-

2 주어와 서술어의 호응은 한국어 문장 쓰기에서 중요합니다. 주어인 '한국'은 국가명인데 서술어인 '민족'은 사람을 의미하는 것이라 두 단어의 의미가 서로 달라 호응이 되지 않습니다. 주어와 서술어가 호응하도록 올바르게 고쳐 봅시다.

한국은 예로부터 효를 강조한 **민족이다.**

→ ______________________

→ ______________________

1 조사 올바르게 쓰기

'은/는'과 '이/가' 차이

- **화제: 은/는** 예) 나는 건국대학교에서 정치외교학을 전공한다.
- **대조: 은/는** 예) 한국의 여름은 더운데 겨울은 춥다.
- **정보: 처음 제시하는 정보 -이/가, 앞에 나온 정보 -은/는**
  예) 나는 꿈**이** 있다. 내 꿈은 중한통역사가 되는 것이다.
- **2개의 주어: 안의 문장 -이/가, 밖의 문장 -은/는**
  예) [외국인**이** 한국에서 국어국문학을 전공하는 것]은 어려운 일이다.
- **보어: 이/가** 예) 나는 동물을 좋아해서 수의사**가** 되고 싶다.
  예) 그는 미디어커뮤니케이션학과**가** 아니라 문화콘텐츠학과 학생이다.

다음 〈보기〉와 같이 빈칸에 '은/는', '이/가'를 알맞게 써 봅시다.

보기

건국대학교 캠퍼스(는) 크고 아름답다.

(1) 나는 전공(　　) 적성에 잘 맞는다.

(2) 유학생에게 한국어 능력(　　) 필수적이다.

(3) 내 전공은 경제학(　　) 아니라 경영학이다.

(4) 교수님(　　) 컴퓨터에 대한 지식(　　) 풍부하다.

(5) 방학 기간에도 규칙적으로 생활하는 것(　　) 중요하다.

(6) 나는 한국어(　　) 좋아하는데 영어(　　) 별로 안 좋아한다.

(7) 나는 올해 목표(　　) 있다. 그 목표(　　) TOPIK 6급을 받는 것이다.

(8) 내 기말 보고서의 주제(　　) 한국어 말하기 공부 방법에 대한 것이다.

(9) 요즘 우리나라 대학생들(　　) 대학 졸업 후 일자리를 찾기가 쉽지 않다.

(10) 나 자신과 한 약속(　　) 있다. 그 약속(　　) 매일 2시간 이상씩 한국어를 공부하는 것이다.

다음 〈보기〉와 같이 알맞은 조사를 사용하여 문장을 만들어 봅시다.

> **보기**
>
> 우리 학교 근처 맛집 많다
>
> → 우리 학교 근처에 맛집이 많다.

(1) 스마트폰 기능 다양하다

→ ______________________

(2) 가치관 차이 조사하다

→ ______________________

(3) 좋아하는 일 잘하는 일 다르다

→ ______________________

(4) 대학생들 금융 교육 필요하다

→ ______________________

(5) 나 아르바이트 자리 구하고 있다

→ ______________________

(6) 나 그 문제 관심 있다

→ ______________________

(7) 나 작년 고등학교 졸업하다

→ ______________________

(8) 교수님 학생들 생각 잘 아신다

→ ______________________

(9) 서울 출퇴근 시간 교통 복잡하다

→ ______________________

(10) 시험 기간 학교 도서관 사람 많다

→ ______________________

〈보기〉와 같이 다음 표현을 이용해 문장을 만들어 봅시다.

> **보기**
>
> (명사)에 중점을 두다
>
> → 이 수업은 보고서 작성에 중점을 두고 있다.

(1) (명사)에 대해

→ ____________________

(2) (명사)에 따라

→ ____________________

(3) (명사)에 비해

→ ____________________

(4) (명사)에 따르면

→ ____________________

(5) (명사)에 비하면

→ ____________________

(6) (명사)와/과 달리

→ ____________________

(7) (명사)로/으로 인해

→ ____________________

(8) (명사)에도 불구하고

→ ____________________

(9) (명사)에/에게 달려있다.

→ ____________________

(10) (명사)에/에게 영향을 주다.

→ ____________________

2 호응에 맞게 문장 쓰기

1) 문장성분 간의 호응

- 주어와 서술어의 호응이 맞는지 살펴본다.
- 목적어와 서술어의 호응이 맞는지 살펴본다.
- 부사어와 서술어의 호응이 맞는지 살펴본다.
- 반드시 있어야 하는 문장성분이 생략되지 않았는지 살펴본다.

다음 문장이 어색한 이유를 이야기해 봅시다.

(1) 그 아이돌은 춤과 노래를 잘 부른다.

(2) 내가 바라는 것은 그가 공부를 잘한다.

(3) 나는 여러 사람이 같이 모여서 노는 것을 그다지 좋아했다.

(4) 플라스틱 쓰레기가 우리 생활을 위협하는 것을 이해해야 한다.

부사 호응	
벌써 ~았/었다. (완료)	결국 ~고 말다. (결과)
점점 ~아/어지다. (변화)	꼭 ~아/어야 하다. (당위)
아마 ~(으)ㄹ 것이다. (추측)	왜냐하면 ~기 때문이다. (이유)
마치 ~(으)ㄴ/는 듯하다. (비유)	반드시 ~(으)ㄹ 필요는 없다. (부분 부정)

부정 표현이 필요한 부사		
강한 부정	전혀	~지 않다, 못 하다, 모르다, 없다.
	결코	
	절대로	
	조금도	
약한 부정	그리, 그다지	~지 않다, 아니다.
	별로	~지 않다, 못하다.
	좀처럼	~지 않다, 안 하다.
강한 긍정	여간	~지 않다, ~이/가 아니다.

다음 〈보기〉와 같이 문장을 올바르게 고쳐 봅시다.

보기

그는 한국 친구를 사귀고 싶다.
→ 그는 한국 친구를 사귀고 싶어한다.

(1) 나의 장점은 성실하다.

→ ______

(2) 유학 생활의 장점은 자유롭다.

→ ______

(3) 이 한국 드라마는 그리 내 마음에 든다.

→ ______

(4) 대학이란 스스로 생각하는 힘을 기르는 것이다.

→ ______

(5) 아르바이트를 시작했는데, 그 일이 여간 힘들다.

→ ______

(6) 유학생에게 필요한 것은 적극적인 태도를 가진다.

→ ______

(7) 이번 시험에 떨어지더라도 나는 절대로 포기할 것이다.

→ ______

(8) 오늘날 사회적 변화로 인해 1인 가구가 아마 많아지고 있다.

→ ______

(9) 방학하면 그는 벌써 부모님을 만나러 고향으로 떠날 것이다.

→ ______

(10) 지구 온난화를 막기 위해서는 개인의 노력이 마치 필요하다.

→ ______

2) 문장구조의 호응

- 접속이 올바른지 살펴본다.
- 시제가 통일되었는지 살펴본다.
- 올바르게 꾸며주고 있는지 살펴본다.
- 같은 기준으로 이어져 있는지 살펴본다.

◘ 다음 문장이 어색한 이유를 이야기해 봅시다.

(1) 배가 고프니까 밥을 먹었다.

(2) 그의 키가 큰 아버지는 의사이다.

(3) 동양인과 백인은 문화차이가 크다.

(4) 어제 비를 많이 맞아서 감기에 걸린다.

접속 표현	
선 후	우선, 먼저, 다음으로, 마지막으로, 끝으로
열 거	첫째, 둘째, 셋째, 첫 번째, 두 번째, 세 번째
추 가	그리고, 게다가, 더구나, 또
대 조	그러나, 그런데, 반면, 이에 비해, 하지만
예 시	예를 들면, 예를 들어, 예컨대
요 약	요컨대, 이처럼, 정리하자면
재진술	즉, 다시 말해

다음 〈보기〉와 같이 문장을 올바르게 고쳐 봅시다.

보기

어젯밤에 늦게 자니까 오늘 아침에 지각했다.

→ 어젯밤에 늦게 자서 오늘 아침에 지각했다.

(1) 우리는 환경 문제를 인식해야 되다.

→

(2) 언니는 노래하고, 동생은 키가 크다.

→

(3) 수업 시간에 뵙기를 바라며, 안녕히 계십시오.

→

(4) 저는 20세의 건국대학교에 재학 중인 유학생입니다.

→

(5) 편안한 여러분의 기숙사 생활을 위해 노력하겠습니다.

→

(6) 나는 한국 유학을 오기 전에 중국 요리를 할 수 없다.

→

(7) 그 사건 이후 우리의 사회에 대한 관심은 높아져 갔다.

→

(8) 내가 어렸을 때 부모님이 항상 바빠서 만나기가 어렵다.

→

(9) 오늘날 우리 생활에서 광고는 어디서든지 볼 수 있겠다.

→

(10) 부모님께서는 나를 보러 다음 달에 서울에 오는 예정이다.

→

글의 흐름에 맞게 한국어 접속 표현을 이용하여 다음 유학생의 글을 완성해 봅시다.

처음 한국에 유학을 와 우리나라와 다른 한국문화를 접하고 놀랐다. 그동안 다양한 한국문화를 접하며 한국문화 중 닮고 싶은 문화가 있는 반면에 지금도 사실 이해할 수 없는 문화도 있다. 먼저 닮고 싶은 문화 세 가지를 이야기한 후, 아직도 이해하기 힘든 문화에 관해서 이야기해 보겠다.

첫째, 한국은 밤늦게 혼자 다닐 수 있는 치안이 안전한 나라다. 사실 한국은 '분단국가'라는 인식이 있다. K-POP을 좋아해 서울로 유학 갈 거라고 했을 때, 막연히 한국을 위험한 국가라고 생각해 나를 걱정해 주는 가족과 친구들이 있었다. 그러나 늦은 밤에도 사람들이 거리를 활보하고, 술에 취해 혼자 돌아다니는 사람이 많은 것을 보고 처음 한국에 왔을 때는 사실 많이 놀랐다. 하지만 2년 동안 서울에서 유학 생활하며 한국은 위험한 나라가 아니라 안전한 나라라는 생각이 들었다. 우리나라에서도 늦은 밤에 거리를 활보할 수 있기를 바란다.

둘째, 식당 벨과 가위로 자르는 고기는 여전히 신기하지만 편리하다. 한국에서는 보편적으로 사용하는 식당 벨을 보고 처음에는 벨을 눌러 사람을 부른다는 것에 충격이었다. 하지만 편리함에 이제는 '왜 우리나라 식당에는 없는 거지?'라는 생각이 들기까지 한다. 그리고 우리나라에서는 칼로 고기를 자르는데 한국에서는 가위로도 고기를 자른다. 처음에는 그저 신기하기만 했는데, 이제는 가위로 자르는 고기가 더 편하게 느껴지기도 한다.

셋째, ____________________

넷째, 한국에서는 친한 친구들과 어깨동무하거나 여자들 같은 경우 길거리에서 팔짱을 끼고 다닌다.

다섯째, ____________________

학교생활 더하기 | 한국어 맞춤법 검사기 활용하기

한국어 맞춤법 검사기

한국어 맞춤법과 띄어쓰기가 맞는지 확인할 때 사용한다. '네이버 맞춤법 검사기'와 '한국어 맞춤법/문법 검사기'가 있다. 이메일을 보내거나 보고서를 제출하기 전에 맞춤법과 띄어쓰기가 맞는지 확인해야 한다.

한국어 맞춤법/문법 검사기를 사용하여 다음 문장을 올바르게 고쳐 봅시다.

(1) 내일 뵈요.

→ ____________________

(2) 덕분에 감기가 금새 다 낳았다.

→ ____________________

(3) 네가 그렇게 생각한다니 어의가 없다.

→ ____________________

(4) 내가 한국에 유학을 올것이라고는 상상도못했다.

→ ____________________

(5) 오늘은 웬지 입맛이 없어서 밥 대신 우유한잔 마셨다.

→ ____________________

4과

단락 쓰기

학습 목표

1. 다양한 설명 방법을 이용하여 단락을 구성할 수 있다.
2. 소주제문과 뒷받침 문장을 쓸 수 있다.

준비하기

1 다음은 어떤 설명 방법을 사용한 것인지 찾아 써 봅시다.

설명 방법

정의 예시 비교 대조 구분 분석

(1) 일본과 같이 한국은 봄, 여름, 가을, 겨울이 있다. (비교)

(2) 자전거는 핸들, 안장, 바퀴, 체인으로 이루어져 있다. ( )

(3) 김치는 배추와 여러 채소로 만든 한국의 전통 음식이다. ( )

(4) 나는 요리를 못 하는 반면에 룸메이트는 요리를 잘한다. ( )

(5) 한국어 자음의 예로 ㄱ, ㄴ, ㄷ, ㄹ, ㅁ, ㅂ 등을 들 수 있다. ( )

(6) 쓰레기는 재활용 여부에 따라 재활용 쓰레기와 일반 쓰레기로 나눈다. ( )

2 다음 일본 유학생이 쓴 글을 읽고 단락을 나눠 봅시다.

내가 좋아하는 계절은 일본과 한국이 각기 다르다. 일본에서는 가을을 좋아한다. 일본어로 가을은 예술의 가을, 식욕의 가을, 그리고 스포츠의 가을이라는 말이 있다. 나는 그중 식욕의 가을이라는 말을 제일 좋아한다. 가을에는 맛있는 음식들이 많기 때문이다. 특히 구운 꽁치와 군고구마가 일품이다. 이 음식들은 어렸을 때부터 즐겨 먹었는데, 아직도 그때의 추억과 함께 내 기억 속에 간직하고 있다. 그리고 가을은 선선한 날씨라서 산책하기에 좋다. 약간 쌀쌀할 수 있지만 조금만 걸으면 땀이 나고 바람이 불 때 시원함을 느낄 수 있다. 반면에 한국에서는 봄을 제일 좋아한다. 봄의 거리에서는 추운 겨울에서 해방된 기쁨을 느낄 수 있다. 그래서 봄에는 자전거를 타기 위해 자주 야외로 나간다. 나는 꽃가루 알레르기가 있어서 일본에서는 약을 먹고 안약을 넣었다. 그러나 한국에서는 꽃가루가 많지 않기 때문에 약을 먹지 않아도 증상이 거의 없어 편하게 생활하고 있다. 그래서 나는 한국의 봄을 좋아한다.

1 설명 방법

1) 정의

정의 표현

- ~은/는 ~이다/~(이)라는 것이다.
- ~(이)란 ~을/를 뜻한다/말한다/의미한다/일컫는다.

정의 표현을 사용해 설명해 봅시다.

보기

K-POP	K-POP은 대한민국의 대중가요로, 'Korea'와 'Popular music'의 합성어이다.

(1) 경어법

(2) 사물놀이

2) 예시

예시 표현

- 예를 들면 ~이/가 있다.
- 그 예로 ~을/를 들 수 있다.
- ~이/가 그 예이다.
- 이에 대한 예를 살펴보면 다음과 같다.

예시 표현을 사용해 설명해 봅시다.

보기

대학생들의 취미	요즘 대학생들의 취미는 다양하다. 예를 들면 게임, 여행, 영화 감상 등이 있다.

(1) 한국어 모음

(2) 서울의 관광명소

3) 비교와 대조

비교와 대조 표현

- ~을/를 ~와/과 비교하면
- ~은/는 ~와/과 ~이/가 같다/다르다.
- ~은/는 ~와/과 ~(이)라는 공통점이 있다/차이점이 있다.
- ~와/과 같이
- 반면에

비교와 대조 표현을 사용해 설명해 봅시다.

보기

토마토와 오이

토마토와 오이는 채소라는 공통점이 있다. 하지만 한국 사람들은 흔히 토마토는 과일인 반면에 오이는 채소라고 생각한다.

(1) 고등학교와 대학교

(2) 온라인 수업과 오프라인 수업

4) 구분과 분류

구분과 분류 표현

구분: • ~은/는 ~에 따라 나눌 수 있다. • ~은/는 ~에 따라 구분한다.

분류: • A, B, C은/는 ~(으)로 묶을 수 있다. • A, B, C은/는 ~(으)로 분류한다.

구분과 분류 표현을 사용해 설명해 봅시다.

보기

햄버거

구분 : 햄버거는 주재료에 따라 불고기버거, 새우버거, 치즈버거 등으로 구분한다.
분류 : 불고기버거, 새우버거, 치즈버거는 햄버거로 분류한다.

(1) 시계

구분 :

분류 :

(2) 재활용 쓰레기

구분 :

분류 :

5) 분석

분석 표현

- ~은/는 ~(으)로 나뉜다.
- ~은/는 ~(으)로 이루어진다.

분석 표현을 사용해 설명해 봅시다.

보기

햄버거	햄버거는 빵, 고기, 채소, 소스로 이루어진다.

(1) 시계

(2) 컴퓨터

6) 인과

인과 표현

- ~이/가 ~에 영향을 주었다.
- ~이/가 ~의 원인(이유)이다.
- ~의 원인(이유)은/는 다음과 같다.
- 그 결과 ~게 되었다.
- 따라서 ~해야 한다.
- 왜냐하면 ~기 때문이다.

인과 표현을 사용해 설명해 봅시다.

보기

저출산 → 고령화 사회	저출산이 고령화 사회에 영향을 주었다.

(1) 지구 온난화 → 해수면의 상승

(2) 무분별한 줄임말 사용 → 한글 파괴

2 단락의 구성

⊙ **소주제문의 요건**

- 글 전체 주제와 관련된 것이어야 한다.
- 하나의 단락에 하나의 소주제를 쓴다.
- 명확하게 표현해야 한다.
- 간결한 문장으로 쓰는 것이 좋다.

⊙ **뒷받침 문장의 요건**

- 소주제문의 내용을 구체화해야 한다.

⊙ **단락의 구조**

- 두괄식 = **소주제문** + 뒷받침 문장 1 + 뒷받침 문장 2 + 뒷받침 문장 3 + …
- 미괄식 = 뒷받침 문장 1 + 뒷받침 문장 2 + 뒷받침 문장 3 + … + **소주제문**
- 양괄식 = **소주제문** + 뒷받침 문장 1 + 뒷받침 문장 2 + 뒷받침 문장 3 + … + **소주제문**

다음 단락의 소주제문을 찾아봅시다.

(1) ① 집은 햇빛이 잘 들어오는 남향집으로 구해야 한다. ② 전통적으로 한국에서는 햇빛이 잘 들어오는 남향집을 선호했다. ③ 햇빛이 잘 들어오는 남향집은 낮에 밝고 따뜻하다. ④ 그리고 겨울에도 햇빛이 잘 들어오기 때문에 난방비를 절약할 수 있다.

(2) ① 한국에서는 인터넷으로 물건을 주문하면 하루 이틀 안에 거의 물건이 배달된다. ② 그리고 텔레비전 같은 가전제품이 고장 났을 때 수리를 신청하면 며칠 내로 수리기사가 집으로 직접 찾아온다. ③ 이뿐만 아니라 우체국 같은 공공 기관의 일 처리도 비교적 빠르다. ④ 외국인들은 이러한 한국의 일상생활 속 빠른 서비스는 다른 나라에서 쉽게 찾기 힘들다고 한다. ⑤ 이처럼 오래 기다리지 못하는 한국인들의 성격은 여러 빠른 서비스를 자연스럽게 만들어 냈다.

(3) ① 오늘날 서울의 한강은 사람들이 쉴 수도 있고 즐길 수도 있는 장소다. ② 한강에는 여러 공원이 있는데, 공원에서 사람들은 편하게 쉴 수 있다. ③ 야외 수영장같이 수영을 할 수 있는 곳과 더불어 한강을 따라서 자전거만 탈 수 있는 자전거 전용 도로도 있다. ④ 그리고 한강 옆에는 잔디밭도 있어서 사람들은 잔디 위에 돗자리를 펴고 앉아서 치킨이나 맥주와 같은 음식을 나눠 먹을 수도 있다. ⑤ 이처럼 한강은 서울 시민들이 즐길 수 있는 것이 다양한 휴식의 장소다.

다음 단락의 소주제문을 써 봅시다.

(1) ____________________.
한국의 남쪽에 있는 큰 섬인 제주도는 이국적인 자연풍경으로 유명한 세계적인 휴양지다. 경주는 삼국을 통일한 신라의 수도로, 불교 건축물이 남아 있어 오늘날 한국을 대표하는 문화유적지다. 그리고 설악산 국립공원은 가을의 단풍과 동해의 경치가 어우러진 관광지로 특히 유명하다.

(2) ____________________.
예로부터 한국에서는 연애 결혼하더라도 결혼은 가문과 가문의 결합이라는 인식이 매우 강해 부모님의 동의를 먼저 구해야 결혼할 수 있었다. 이에 비해 중매 결혼은 누군가가 두 사람을 소개하여 결혼하는 형태로, 이 역할을 하는 사람을 '중매쟁이'라고 불렀다. 오늘날은 전문적인 결혼 정보 회사가 있어, 커플매니저가 중매쟁이 역할을 한다.

(3) ____________________.
한국인은 근면하고 성실하게 자기 일을 최대한 빠른 속도로 잘 처리하기 위해 노력해 왔다. 오늘날 한국 사회에 인터넷 문화가 비교적 빠른 속도로 자리 잡을 수 있었던 것은 모든 일을 최대한 빨리 잘 처리하고자 하는 한국인의 속성이 정보통신 기술과 조화를 잘 이루었기 때문이다.

뒷받침 문장들을 써서 다음 단락을 완성해 봅시다.

(1) 한국 유학은 장점이 많다. ____________________

____

____________________.

(2) 한국 대학의 학기는 크게 1학기와 2학기로 나누어져 있다. ____________________

____

____________________.

다음 단락을 읽고 통일성에 어긋나는 문장을 찾아봅시다.

① 내 꿈은 영화감독이다. ② 처음 대학에 입학했을 때는 막연하게 영화감독이 되고 싶다는 생각만 하였다. ③ 하지만 전공 공부를 하면서 내 꿈에 대한 계획을 구체적으로 세울 수 있게 되었다. ④ 그런데 나는 학생들을 가르치는 선생님이 되고 싶기도 하다. ⑤ 공부를 하면서 영화가 사람들을 바꾸는 힘이 있다는 것을 깨달았기 때문에 사회 문제를 다루는 영화를 만들고 싶다.

학교생활 더하기

문장 부호 알기

문장 부호는 글에서 문장의 구조를 드러내거나 글쓴이의 의도를 전달하기 위하여 사용하는 부호이다.

1. **마침표(.)**
   서술, 명령, 청유 등을 나타내는 문장의 끝에 쓴다.
   예) 가는 말이 고와야 오는 말이 곱다.
2. **물음표(?)**
   의문문이나 의문을 나타내는 어구의 끝에 쓴다.
   예) 점심 먹었어?
3. **느낌표(!)**
   감탄문이나 감탄사의 끝에 쓴다.
   예) 이거 정말 큰일이 났구나!
4. **쉼표(,)**
   같은 자격의 어구를 열거할 때 그 사이에 쓴다.
   예) 5보다 작은 수는 1, 2, 3, 4이다.
5. **큰따옴표(“ ”)**
   말이나 글을 직접 인용할 때 쓴다.
   예) 나는 “어, 선우 아니냐?”하는 소리에 깜짝 놀랐다.
6. **작은따옴표(‘ ’)**
   마음속으로 한 말을 적을 때 쓴다.
   예) 나는 ‘일이 다 틀렸나 보군.’하고 생각하였다.
7. **겹낫표(『 』)**
   책의 제목이나 신문 이름 등을 나타낼 때 쓴다.
   예) 『훈민정음』은 1997년에 유네스코 세계 기록 유산으로 지정되었다.
8. **홑낫표(「 」)**
   소제목, 그림이나 노래와 같은 예술작품의 제목, 상호, 법률, 규정 등을 나타낼 때 쓴다.
   예) 이 곡은 베르디가 작곡한 「축배의 노래」이다.
9. **줄임표(……)**
   할 말을 줄였을 때 쓴다.
   예) “어디 나하고 한번…….”하고 선우 씨가 나섰다.

국립국어원 홈페이지(https://www.korean.go.kr) 어문 규범의 어문 규정 보기-부록-문장 부호를 통해 더 자세한 내용을 볼 수 있다.

5과

글쓰기 윤리

학습 목표

1. 인용의 종류와 방법을 안다.
2. 주석의 종류와 작성 방법을 이해한다.
3. 참고문헌 작성 방법을 이해한다.

준비하기

1 여러분은 과제를 할 때 참고자료를 밝힙니까? 밝힌다면 어떻게 밝힙니까? 만약 밝히지 않는다면 그 이유를 말해 봅시다.

2 보고서를 작성하는데 필요한 자료를 어디에서 어떻게 찾아야 하는지 구체적으로 이야기해 봅시다.

1 인용

인용(引用, quotation)은 타인의 글 일부를 그대로 또는 그 내용을 자기 글에 적절히 삽입하는 것을 말한다.

직접 인용 원문의 문장을 그대로 가져오는 것이다.

1) 직접 인용을 하는 경우

- 핵심 개념
- 문학 작품 일부
- 수학, 과학의 공식
- 법률 조문, 정부 시행령
- 타인의 글의 내용을 연구의 대상이 되는 자료로 사용할 때
- 타인의 글을 인용하여 나의 주장의 정당성을 확보하고자 할 때

2) 직접 인용의 방법

(1) 3줄 이하로 짧은 경우는 큰따옴표(“ ”)를 사용한다.

청도대학교의 경우, 한국 개황은 전공필수로 되어 있으며 3학년 2학기에 개설된다. 교육목표는 “한국의 지리, 역사, 전통문화 등 방면의 지식과 한국 경제의 발전 현황 등에 대해 체계적으로 이해하고 그로부터 한국에 대한 인식과 이해를 높이는 것[1]”으로 되어 있다.

1) 중국 청도대학교 한국어학과 홈페이지 참고.

(2) 3줄 이상 긴 경우는 별도의 독립된 단락으로 구성한다.

문화 교육의 목표를 설정함에 있어서 고려할 요소로 첫째, 교수–학습의 대상으로서의 문화를 어떻게 규정할 것인가 둘째, 한국어 학습자의 다양한 변인과 학습 환경에 따라 달리 설정할 것 셋째, 한국어 학습 단계에 맞추어 설정할 것 등 세 가지를 들면서 고급과정 한국어 학습자의 목표를 다음과 같이 다섯 가지로 설정하였다.

1. 어휘적 측면: 속담, 관용구, 고사성어, 의성 의태어와 같은 사회 문화적 배경을 갖는 어휘군과 전문적인 의사소통 행위에 필요한 고난도의 한자어
2. 자신의 의견을 논리적으로 전개하고 토론, 협상, 설득, 추상적 가설 제시 등이 가능한 수준의 담화 능력과 이에 필요한 문법 유형
3. 한국의 사회 문화에 대한 이해를 바탕으로 하여 광범위하고 일반적인 맥락에서의 자유로운 의사소통 활동
4. 역사, 지리, 사회, 예술, 철학, 종교, 경제, 정치 등 한국 사회의 세부적인 영역에 관한 이해
5. 한국어를 매개로 하는 직장 생활이나 강의 청취 등과 같은 공식적이고 전문적인 언어활동에 필요한 사회 문화적 능력[1]

이에 근거하여 중국 내 한국어학과에서의 한국 사회 문화 교육 목표를 설정함에 있어서 통합적 접근을 위한 과정임을 염두에 둘 때, 다음과 같은 몇 가지 요소를 고려해야 한다.

---

1) 조항록, 「한국어 고급과정 학습자를 위한 한국 문화 교육 방안」, 『한국어교육』 9–2, 국제한국어교육학회, 1998, 231쪽.

간접 인용 남의 생각이나 말을 자신이 이해한 내용으로 바꾸어 표현하는 것으로, 요약과 바꿔 쓰기가 대표적인 간접 인용의 방식이다.

1) 간접 인용을 하는 경우

- 표현보다 내용이 더 중요할 때
- 같은 내용을 더 명확하게 잘 표현할 수 있을 때

2) 간접 인용의 방법

문화를 통한 한국어교육은 의사소통 능력의 신장을 목표로 하는 초급단계나 중급단계의 한국어교육에서는 효과적이지만 고급단계의 한국어교육에서는 제한성을 띠게 된다. 이에 관해 조항록(1998)에서는 문화 교육의 목표는 한국어 학습 단계에 맞추어 설정하는 게 중요하다고 하면서 기본적인 의사소통을 목표로 하는 초급단계와는 달리 고급단계의 학습자를 위한 문화 교육 목표는 다르게 설정해야 할 필요가 있다고 한다.[3)]

3) 조항록, 「한국어 고급과정 학습자를 위한 한국 문화 교육 방안」, 『한국어교육』 9-2, 국제한국어교육학회, 1998, 227-230쪽.

3) 간접 인용의 절차

글을 읽으며 핵심어 찾기

↓

핵심어를 중심으로 내용 요약하기

↓

요약한 내용을 자기 말로 표현하기

↓

원문과 비교해 보기

인용에서 자주 쓰는 표현

- ~에 대해/관해 ~(이)라고 정의하고 있다.
- ~에 의하면/따르면 ~할 필요가 있다고 한다.
- ~에서는 ~(이)라고 주장한다.
- 이에 대해/관해 ~은/는 ~(이)라고 설명한다.
- ~에 의하면/따르면 ~(으)로 나타났다.
- ~에서는 ~(으)로 보고 있다.
- ~은/는 ~할 필요가 있다고 한다.

- 공신력이 있는 글을 인용한다.
- 꼭 필요한 경우에 꼭 필요한 최소한의 분량만 인용한다.
- 주석과 참고문헌을 통해서 인용한 글의 출처를 정확하게 밝힌다.
- 인용한 내용에 대한 정확한 이해를 바탕으로 적절한 문맥에서 인용한다.

2 주석

주석(註釋, notes)이란 보고서와 같은 학술적인 글을 쓸 때 인용문의 출처를 밝히거나(참조주) 논지 전개에 보충이 되는 설명(내용주)을 하는 글이다. 출처를 밝히는 몇 가지 주석의 형식이 있는데, 한 편의 보고서 안에서는 통일된 형식을 사용해야 한다.

- APA 방식, MLA 방식, 시카고 방식, 하버드 방식 등 다양한 방식이 있기에 자신의 계열이나 전공에 따라 주석 표기 방식이 다를 수 있다는 것을 염두에 두고 제출 전 확인할 필요가 있음.

2.2. 요구 분석의 개념

학습자의 현재 수준이 어느 정도이며, 무엇을 원하고 있고, 학습 과정에 만족하고 있는지, 학습 과정에서 보충되었으면 하는 것들은 없는지 등을 알아보는 것이 '요구 분석(Needs analysis)'이다. 외국어 수업에 있어 똑같은 조건이나 환경인데도 학습 분위기가 완전히 다를 때가 있는데, 그 이유가 학습자의 성향에 있기 때문이다. 학습자의 무엇을 파악할 것인가에 관한 연구는 학습자의 객관적인 정보와 주관적인 정보를 파악하는 것으로 정리해 볼 수 있다. 학습자 요구 분석에 대한 가장 광범위한 체계는 Munby, J.(1978)에 의해 개발되었는데 언어학적, 비언어학적 변수들로 학습자의 요구를 파악하고자 했다는 점에서 의의가 있다. 요구 분석에 대한 가장 실제적인 연구는 Brindley, G.(1984)에 의해서 이루어졌는데, 그는 객관적 요구와 주관적 요구, 처음의 요구와 진행 중의 요구 등으로 구분하였다. 이에 대해 Nunan, D.(1998)은 주관적 요구에 관해 내용 요구[1]와 과정 요구[2]로 더 세분화했다.[3]

1) 주제, 문법, 기능, 개념, 어휘와 같은 것의 선택과 순서화에 관한 것을 말한다. **내용주**
2) 학습 과제와 경험의 선택과 순서화에 관한 것을 말한다. **내용주**
3) Nunan, D., *Second Language Teaching and Learning*, Boston: Heinle & Heinle Publishers, 1998, pp.148–150. **참조주**

주석의 위치에 따라 외각주(外脚註), 내각주(內脚註), 미주(尾註)로 나눌 수 있다.

외각주 오늘날 많이 쓰는 주석으로, 본문의 아래쪽에 따로 인용문의 출처를 밝히거나 본문의 내용을 보충 설명하고자 할 때 다는 각주다.

처음 나왔을 때는 **완전각주**로 서지사항을 모두 밝혀서 적고, 같은 논저가 반복되는 경우 서지사항을 모두 기록하지 않고 약식으로 간략히 적는 **약식각주**의 방식을 취한다.

1) 완전각주

단행본	저자명, 『서명』, 출판사명, 출판연도, 인용 쪽수.
학위 논문	필자명, 「논문명」, 학위 수여 학교 및 학위 종류, 수여 연도, 인용 쪽수.
학술지 논문	필자명, 「논문명」, 『학술지명』 ○권(호)수, 학회명, 출판연도, 인용 쪽수.
신문 기사	기자명, 「기사 제목」, 『신문명』, 발간 연월일.

2) 약식각주

(1) 바로 위의 글을 다시 인용하면서 다른 쪽을 인용할 때

3) 남기심·고영근·유현경·최형용, 『새로 쓴 표준 국어문법론』, 한국문화사, 2019, 120쪽.
4) 위의 책, 123쪽.

(2) 앞부분 어디에선가 인용했던 글 중 다른 쪽을 인용할 때

3) 남기심·고영근·유현경·최형용, 『새로 쓴 표준 국어문법론』, 한국문화사, 2019, 120쪽.
4) 조오현, 『자료로 찾아가는 국어사』, 박이정, 2010, 28쪽.
5) 남기심·고영근·유현경·최형용, 앞의 책, 125쪽.

내각주 인용 자료에 대한 출처를 본문의 인용문 바로 뒤에 괄호로 저자명, 출판연도, 인용 쪽수만을 쓰는 각주다. 내각주에 대한 완전한 서지 사항은 참고문헌에서 확인할 수 있다.

화행 이론은 역사적으로 언어 철학에서 발생하였다. 철학자들은 의사소통의 최소 단위는 언어적 표현이 아니라 감사하기, 불평하기, 사과하기, 요청하기, 칭찬하기 등과 같은 어떤 종류의 행위 수행이라는 가정을 세우게 된다(Austin, 1962).

미주 본문의 어떤 부분의 뜻을 보충한 글을 본문이 끝나는 뒷부분에 따로 단 것이다.

3. 요구 분석

한국학 전공자를 위한 한국 전통문화 교육 내용 선정에 앞서 중국 내 4년제 대학 한국어학과 학생 144명[2], 교수 20명[3], 한국 기업체 관계자 36명[4]을 대상으로 세 가지 종류의 설문지를 만들어 2006년 8월 초부터 9월 초까지 한 달간 설문조사를 실시하였다.

(중략)

5. 맺음말

이상에서 한국학 전공자를 위한 한국 사회와 문화교육의 한 중요한 영역으로서 한국 전통문화 교육 내용 구성에 대해 논의하였다. (중략) 교육기관과 수요기관의 요구 분석 결과를 통해 알 수 있듯이, 한국학 전공자를 위한 한국 전통문화 교육 내용에서 가장 중요한 부분은 실용성 측면이다. 이러한 실용성이 교육 내용에 반영되어야 한국학 전공자를 위한 보다 효과적인 한국 전통문화 교육이 이루어질 수 있을 것이다.

---

1) 이 연구는 한국학중앙연구원 2006년도 해외 한국학 지원 사업 연구비에 의하여 연구되었으며, 2006년 정기 학술발표대회(2006년 10월)에서 발표하였다. 발표를 듣고 조언해 주신 여러 교수님께 깊이 감사드린다.

2) 한국어학과 1학년 47명, 2학년 4명, 3학년 44명, 4학년 49명으로 1학년 초급 학습자와 2학년, 3학년 중급 학습자, 4학년 고급 학습자의 비례는 대체로 초급 1 : 중급 1 : 고급 1로 하였다. 이는 조사 결과의 객관성을 확보할 수 있는 선정이라 할 수 있겠다.

3) 다양성과 대표성을 확보하기 위하여 낙양외대, 대외경제무역대, 복단대, 북경언어대, 산동대, 산동사범대, 상해외대, 양주대, 연변대, 중국해양대, 중앙민족대, 청도대, 청도이공대 등의 한국어학과 교수 20명을 대상으로 설문 조사하였다. 특히 설문 대상 교수의 선정에 다차원적인 각도에서 선정하였다. 그 기준은 학과의 설립 시기와 관련하여 가장 오랜 역사의 낙양외대, 대외경제무역대, 연변대 그리고 한중수교와 함께 본격적으로 발전하여 안정 궤도에 오른 복단대, 산동대, 중국해양대 등을 선정하였다. 그리고 한국어교육의 지속적인 열기와 함께 최근 몇 년 내 설립되어 현재 자리를 잡아가고 있는 양주대, 청도이공대 등을 선정하였다. 이뿐만 아니라 해당 대학 한국어학과의 교육목표에 따라 특수 목표를 지향하고 있는 낙양외대와 대외경제무역대를 선정하였고, 일반 목표를 지향하고 있는 여타 대학을 선정하였다. 이러한 기준은 객관적이고, 다방면으로 접근할 수 있는 틀을 제공해 주었다.

4) 한국 기업체의 경우 중국 북경과 청도 지역의 한국 관련 기업체 36개를 설문 대상으로 선정하여 설문 조사를 실시하였다.

외각주 달기

- 커서의 위치가 마지막에 있어야 함.
- 한글(hwp): 입력 → 주석 → 각주를 선택 (단축키 Ctrl+N+N)
- 워드(word): 참조 → 각주 삽입을 선택 (단축키 Ctrl+Alt+F)

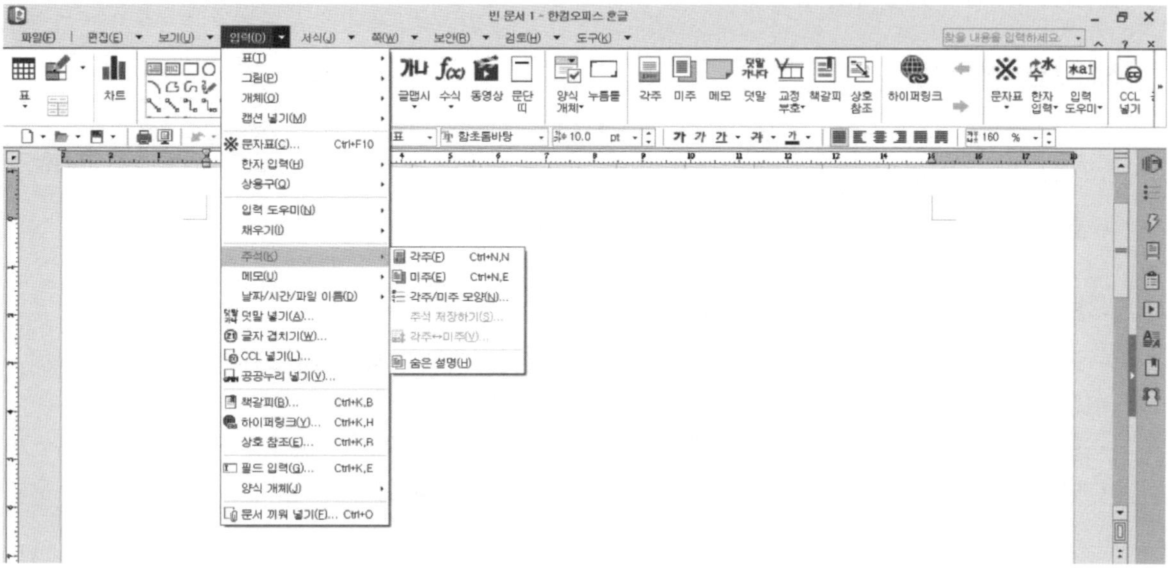

〈참고 1〉 한글(hwp)에서 외각주 다는 방법

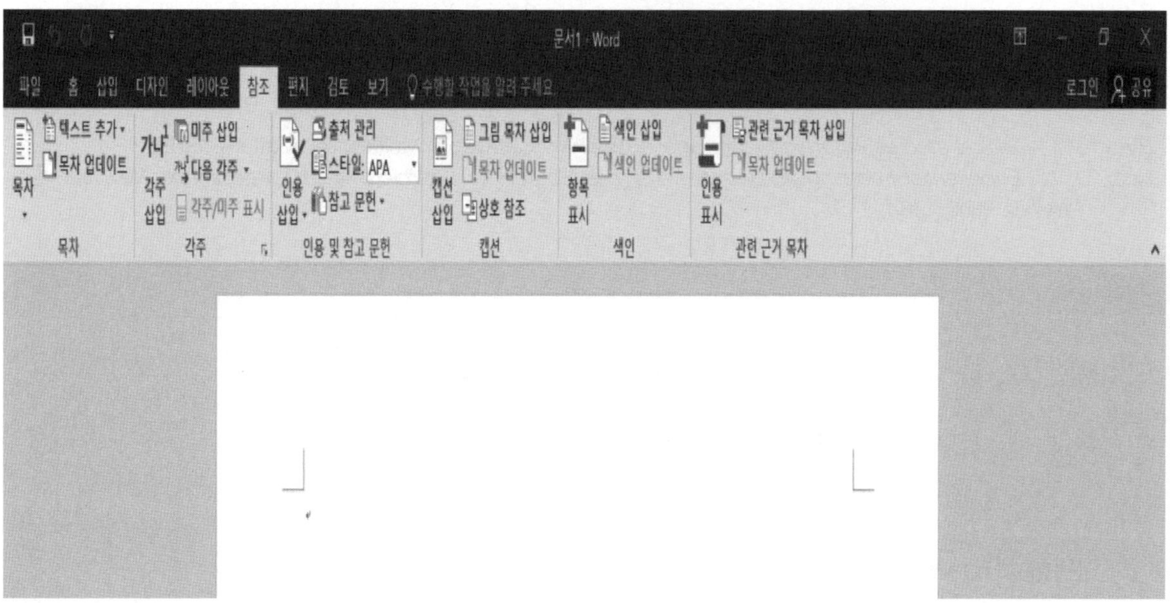

〈참고 2〉 워드(word)에서 외각주 다는 방법

3 참고문헌

학술적인 글을 쓸 때 마지막에 인용한 저서, 논문, 신문 기사 등의 서지사항을 참고문헌 작성 방법에 따라서 제시한다.

참고문헌 작성 방법

- 한국어 보고서의 경우, 한국어 문헌–동양 문헌–서양 문헌 순으로 정리한다.
- 한국어 문헌은 저자명의 가나다순으로, 알파벳 저자명은 ABC순으로 정렬한다.
- 참고문헌에서는 인용 쪽수를 생략한다.
- 공저의 경우 3~4명 이하는 모두 표시하고, 5명 이상은 '대표 저자 외 n명'으로 쓴다.
- 한 필자의 문헌이 여러 개이면 배열은 연도순으로 한다.
- 한 필자의 문헌을 여러 개 나열할 때, 처음에는 성명을 쓰고 나머지는 줄표로 표시한다.
- 번역서는 번역한 사람의 성명도 쓴다(예) 최수진 역, 최수진 옮김).

서양 문헌

- 서명은 *이탤릭체*로 함.
- 출판사의 출판지명을 함께 표기함.

김대식, 「인간과 대화 가능한 기계」, 『조선일보』, 2022. 12. 20.
김장원·서유석·윤혜영, 『다매체 시대의 글쓰기』, 역락, 2013.
김진태 외 4명, 『이상한 대화의 비밀』, Brainleo, 2021.
최수진, 「의견불일치 상황에서의 화행 실현 양상 연구: 일본인 한국어 고급 학습자를 대상으로」, 『이화교육논총』 15, 이화여자대학교 교육대학원, 2005.
______, 「한국어와 중국어의 거절 화행 비교 연구」, 『한중인문학연구』 23, 한중인문학회, 2008.
타카하시 신, 『만화로 쉽게 배우는 통계학』, 김선민 역, 성안당, 2018.

Byram, M., *Cultural studies in foreign language education*, Clevedon: Multilingual Matters, 1989.
Kolb, D. A., *Experiential Learning: Experience As The Source Of Learning And Development*, New Jersey: Prentice–Hall, 1984.

가나다순

- 자음: ㄱ ㄲ ㄴ ㄷ ㄸ ㄹ ㅁ ㅂ ㅅ ㅆ ㅇ ㅈ ㅉ ㅊ ㅋ ㅌ ㅍ ㅎ
- 모음: ㅏ ㅐ ㅑ ㅒ ㅓ ㅔ ㅕ ㅖ ㅗ ㅘ ㅙ ㅚ ㅛ ㅜ ㅝ ㅞ ㅟ ㅠ ㅡ ㅢ ㅣ

- ✓ 인용한 자료는 빠짐없이 참고문헌에 포함한다.
- ✓ 참고하지 않은 것을 무분별하게 참고문헌에 넣지 않는다.
- ✓ 직접적으로 인용하지는 않았지만, 글을 쓰는데 참고한 자료는 참고문헌에 넣는다.

연습문제

1. 다음 설명에 해당하는 용어를 써 봅시다.

(1) 글을 쓸 때 작성자의 논지를 증명하기 위한 논거나 남의 글에 대한 비판의 자료로 삼기 위해 다른 사람의 논저에서 정보를 가져오는 것

ㅇ	ㅇ

(2) 오늘날 많이 쓰는 주석으로, 해당 본문 바로 밑에 순서대로 출처를 표시하거나 보충 설명하는 주석

ㅇ	ㄱ	ㅈ

(3) 바로 위에서 인용한 글을 바로 다음에 인용할 때 쓰는 약식각주

ㅇ	ㅇ		ㄱ

2. 다음을 직접 인용과 간접 인용해 봅시다.

> 첫째, 우리말은 형태론적으로 볼 때 교착어에 속한다.
> 형태론적으로 교착어에 속한다고 함은 어간과 어미의 형태가 투명하여 하나의 형태에 하나의 기능이 일대일로 대응한다는 뜻이다.
>
> 고영근·구본관, 『우리말 문법론』, 집문당, 2008.

(1) 직접 인용: ~은/는 " ~ "(이)라고 하다

____

____

(2) 간접 인용: ~은/는 ~(는)다고/(이)라고 하다

____

____

3. 다음 기사에서 직접 인용된 부분을 간접 인용으로 바꿔 봅시다.

건국대학교는 코로나19의 확산 및 감염 방지를 위해 2021학년도 2학기 개강 후 중간고사 전까지는 실험·실습·실기 위주의 수업만 대면 수업으로 허용하기로 했다. 중간고사 이후는 강의 유형과 수강인원을 고려하여 대면 수업을 허용하되, 정부에서 정하는 거리두기 단계와 20대 코로나19 예방 접종률에 따라 대면 수업 허용 범위를 검토할 계획이다.

최근 코로나19가 재확산되고 사회적 거리두기 4단계가 연장됨에 따라 오는 30일부터 개강하는 2학기 수업 운영은 중간고사 전까지 이론강의는 전면 온라인, 실습 포함과목은 대면 혼용으로 기본방침을 정했다.

건국대학교 코로나19 비상대책본부는 "학교 구성원 모두의 건강과 코로나19 확산 방지를 위해 실내를 포함한 캠퍼스 내 모든 곳에서 마스크 착용 의무화와 회식, 회의, 출장, 집합교육 등 대면접촉을 제한하고, 다중이용시설 방문 금지 등에 적극적으로 동참하여 주시기 바란다."라고 말했다.

⇩

4. 다음 문헌 정보를 활용하여 내각주와 외각주를 작성해 봅시다.

문헌 정보

- 저자명: 움베르토 에코 지음
- 역자: 김운찬 옮김
- 도서명: 『논문 잘 쓰는 방법』
- 출판사: 열린책들
- 출판연도: 2006년
- 인용 쪽수: 346~347쪽

(1) 내각주

간접 인용의 방법에는 요약(summary)과 환언(paraphrase)이 있다.

요약은 원문의 요점만 간추려 짧게 줄여 쓰는 것으로, 원문 한 페이지를 반 페이지나 불과 몇 줄로, 경우에 따라서는 한 단어로 요약하기도 한다.

환언은 원문을 다른 말로 바꾸어 부연하는 것으로 원문보다 짧아질 수도 있지만 오히려 더 길어질 수도 있다. 요약이든 환원이든 남의 것을 빌려 오는 방법이므로 간접 인용에서도 당연히 출전 표시를 한다(   ).

(2) 외각주

간접 인용의 방법에는 요약(summary)과 환언(paraphrase)이 있다.

요약은 원문의 요점만 간추려 짧게 줄여 쓰는 것으로, 원문 한 페이지를 반 페이지나 불과 몇 줄로, 경우에 따라서는 한 단어로 요약하기도 한다.

환언은 원문을 다른 말로 바꾸어 부연하는 것으로 원문보다 짧아질 수도 있지만 오히려 더 길어질 수도 있다. 요약이든 환원이든 남의 것을 빌려 오는 방법이므로 간접 인용에서도 당연히 출전 표시를 한다.[1)]

---

1)

5. 외각주와 참고문헌을 작성해 봅시다.

1) 최동현 작가의 소설인 『소설 송설당』 책의 81쪽부터 82쪽까지를 직접 인용하였다. 이 책은 2020년 6월에 예지 출판사에서 출판하였다.
2) 2014년에 쿠북에서 펴낸 『창조적 사고와 표현』이라는 책의 25쪽을 간접 인용하였다. 이 책은 황혜진·홍재범·남원진·이명희·전우형 교수가 같이 쓴 책이다.
3) 이정민 기자가 쓴 신문 기사 「김천고 동문이 쓴 최송설당 일대기 발간」을 간접 인용하였다. 이 기사는 2020년 6월 22일, 『매일신문』에 실려 있다.
4) 최동현 작가의 소설인 『소설 송설당』의 100쪽을 다시 직접 인용하였다.
5) 렌조 미키히코 씨가 쓴 『백광』의 65쪽을 직접 인용하였다. 이 책은 모모 출판사에서 2022년 2월 14일에 출판되었으며, 양윤옥이라는 사람이 번역하였다.
6) 렌조 미키히코 씨가 쓴 『백광』의 68쪽을 다시 직접 인용하였다.
7) 강수진 박사가 2021년에 발표한 「20세기 초 여성 지식인의 시각으로 본 서울 공간과 그 의미: 최송설당의 『송설당집』을 중심으로」라는 논문의 370쪽의 내용을 간접 인용하였다. 해당 논문은 한국고전여성문학회라는 학회에서 발행하는 학술지인 『한국고전여성문학연구』의 43집에 수록되어 있다.

(1) 외각주 형식에 맞게 완전각주와 약식각주를 작성해 봅시다.

1)

2)

3)

4)

5)

6)

7)

(2) 참고문헌을 작성해 봅시다.

참고문헌

6. 다음은 『인문과학연구』 제14집의 52쪽에 있는 「효율적인 한국어 회화 수업을 위한 학습자 요구 분석: 중국 대학의 교수와 학생의 학습 방법 선호도 비교를 중심으로」라는 논문의 일부입니다. 최수진 박사가 쓴 이 논문은 동덕여자대학교 인문과학연구소에서 2008년에 발행했습니다. '효율적인 한국어 말하기 학습 방법'을 주제로 짧은 보고서를 쓰면서 다음을 간접 인용한 후, 인용의 출처를 외각주로 작성해 봅시다.

기존의 한국어 회화 교수-학습 방법은 정확성을 중시하여 발음 연습이나 어휘의 정확한 사용, 구조의 정확한 이해와 생산을 중시하였다. 따라서 모범이 되는 대화를 모방하여 생산하게 하거나 정확한 발화 구조를 제시하여 이를 응용하여 발화하도록 비교적 통제된 연습이 중심이 되었다. 자유롭게 자신을 표현할 수 없어 학습자에게 심리적 부담이 크다는 비판도 있으나, 실제로 초급 단계에서는 유용한 점도 있다. 최근의 상호 작용을 중요시하는 한국어 회화 교수-학습 방법은 다양한 과제 수행을 통해 자연스러운 발화 생산을 가능하게 하는 방향으로 변화하고 있다.

한국에서 대학에 다녀도 한국어를 잘하지 못하는 유학생들이 많다고 한다. 그런 이야기를 들으며 시행착오 속에서 터득한 필자의 한국어 말하기 학습 방법을 공유하고자 한다.

---

1)

7. 학우들 앞에서 보고서의 주석에 대해 발표하려고 합니다. 주석을 기능과 위치에 따라 간단히 설명하는 다음 발표 자료를 완성해 봅시다.

보고서의 주석

- 기능에 따라
  - 참조주
    - 인용 출처 밝히기
  - 내용주
    -
- 위치에 따라
  - 내각주
    - 본문 속에 인용한 자료에 대한 출처 간략히 제시
    - 참고문헌을 통해 자세한 서지사항 제시
  - 외각주
    -
  - 미주
    -

학교생활 더하기

표절 확인하기

• 보고서나 논문을 쓴 후 표절 여부를 스스로 확인해야 한다. 건국대학교 상허기념도서관(https://library.konkuk.ac.kr)에서 '카피킬러'와 '턴잇인'을 사용하여 이를 확인할 수 있다.

1. 카피킬러(Copy Killer)

표절 예방

□ 카피킬러 소개

□ 60억 건의 비교데이터를 보유한 카피킬러 DB와 비교 검사합니다.

□ 이용대상

- 교내 학부생, 대학원(석·박사), 교직원, 교원

□ 서비스 소개

- 국내 유일 표절검사서비스
- 논문 및 보고서 질적 향상을 위한 가장 효과적이고 정확한 서비스
- 교육부 및 한국연구재단 연구윤리지침에 따른 처리 기준 적용
- 비교범위 설정 가능 (현재 첨부문서,내가 올린 문서,카피킬러 DB 전체와 비교 등)
- 인터넷 공개 콘텐츠 포함/제외 검사
- 특정 출처 제외하고 검사 가능
- 의심문서와 1:1 표절검사 가능

2. 턴잇인(Turnitin)

□ Turnitin 소개

□ 논문 및 과제에 대한 표절 여부를 확인하고 관리하는 서비스로, 2023년 기준 전세계 820억 건의 인터넷 자료, 웹 및 뉴스 자료(아카이브 포함), 15억 건 이상의 학위논문, 에세이, 보고서, 2억 8천만 건의 학술논문 및 서적 출판물을 포함하고 있는 방대한 데이터베이스와 Turnitin을 통해 제출한 과제와 논문을 실시간 비교하여, 제출 및 투고 전 사전 유사도 검사를 통해 표절을 예방과 글쓰기 향상을 도와주는 웹 서비스입니다.

□ 이용대상

- 대학원생 이상

□ Turnitin 특징

- 세계에서 가장 널리 사용하는 인터넷을 이용한 표절 예방 서비스
- 검색자원 : 웹 페이지, Major newspapers, magazines & scholar journals, 논문 및 과제물, 수천 권의 단행본, 기타 학술출판사의 자료들 (Sage, Emerald, Gale 등)
- 직접적인 Source 비교 : 한 화면에서 비교의 주체와 대상을 함께 확인
- 제출 파일 형식 : HWP, PDF, DOC, HTML, TXT, Word PerFect 등
- 수치적 확인 : 비교 대상과의 일치 정도를 % 기준으로 확인

□ Turnitin 지원언어

- 한글, 영어, 중어, 일어 등 15개국어 이상 의 언어로된 문서들에 대한 유사도 검사 가능

턴잇인 바로가기

□ Turnitin 매뉴얼

- 학생계정매뉴얼 다운로드 Class Id: 28078753 /Class Key: konkuk2023
- 교강사계정매뉴얼 다운로드

□ Turnitin 관련문의

- 이용 오류 문의 : tiisupport@turnitin.com
- 이용관련 문의, 교수용 계정 생성 : koreasales@turnitin.com

2부
보고서 작성하기

6과

주제 탐구

학습 목표

1. 보고서의 주제를 정할 수 있다.
2. 진주제와 주제문을 쓸 수 있다.

준비하기

1 다음 단어를 보고 생각나는 것을 자유롭게 써 봅시다.

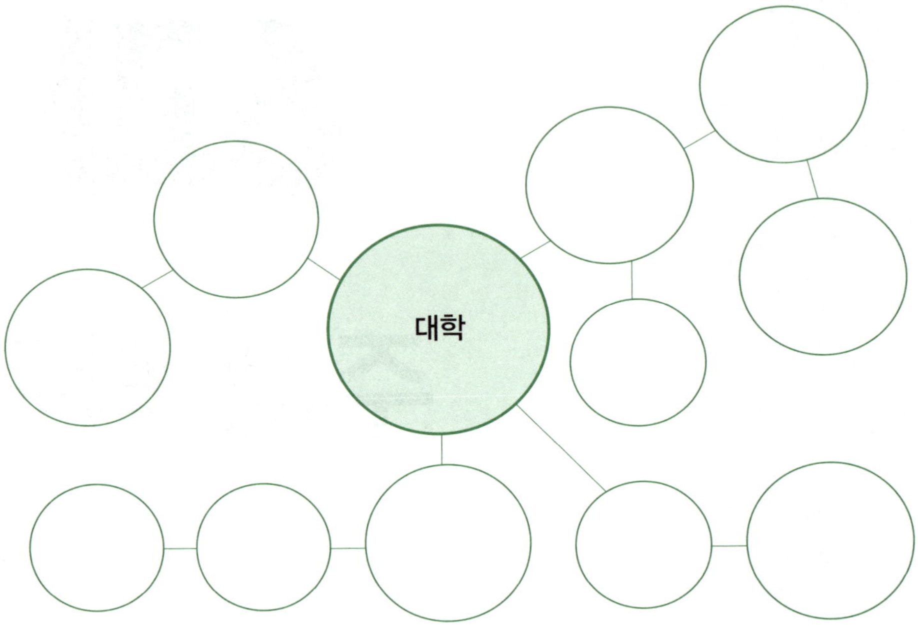

2 자신이 쓴 단어를 사용하여 문장을 만들어 봅시다.

대학

1 생각의 폭 넓히기

브레인스토밍(brainstorming)

• **브레인스토밍의 개념**

알렉스 오스본(Alex Osborn)이 아이디어 창출을 위한 회의 방법으로 고안하였다. 어떤 문제의 해결책을 찾기 위해 여러 사람이 생각나는 대로 아이디어를 쏟아내는 방법이다. 브레인스토밍할 때 꼭 지켜야 하는 것은 엉뚱한 생각이더라도 두려움을 갖지 말고 아이디어를 내야 한다는 것이다.

• **브레인스토밍의 4원칙**

① 비판, 비난을 자제한다.

② 양에 초점을 맞춘다.

③ 독특한 아이디어를 환영한다.

④ 아이디어를 조합하고 개선한다.

• **브레인스토밍의 종류**

① Free Wheeling

아이디어를 동시에 말한다.

② Round Robin

사람들이 순서대로 아이디어를 낸다.

③ Slip Method

시작하기 전에 쪽지에 아이디어를 쓰고 이를 참고하여 이야기한다.

• **브레인스토밍 방법**

브레인스토밍은 여러 사람이 함께 진행하는 팀별 브레인스토밍이 원칙이나, 개별 브레인스토밍으로도 할 수 있다.

자유연상

- 지그문트 프로이트(Sigmund Freud)가 고안한 것으로 정신분석의 한 방법
- 글쓰기에서도 사용이 되는데, 어떤 단어가 주어지면 그 단어에서 떠오르는 생각을 자유롭게 이야기하는 것.

마인드맵

- 토니 부잔(Tony Buzan)이 개발한 학습법이자 발상법
- 종이의 가운데 단어를 쓰거나 이미지를 그린 후 옆으로 뻗어나가면서 주요한 단어를 쓰거나 그림을 그려 넣음.

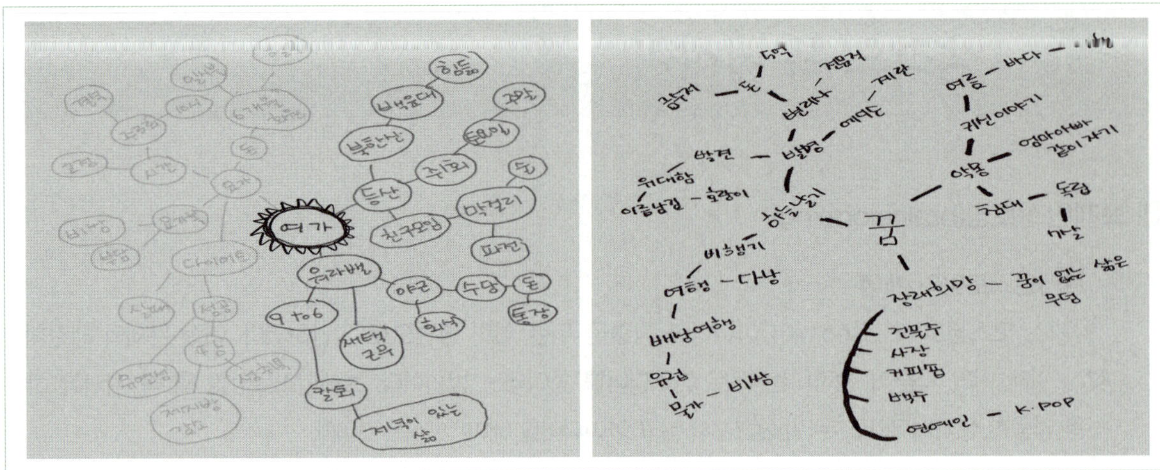

✎ 보고서 주제와 관련하여 생각나는 것을 자유롭게 써 봅시다.

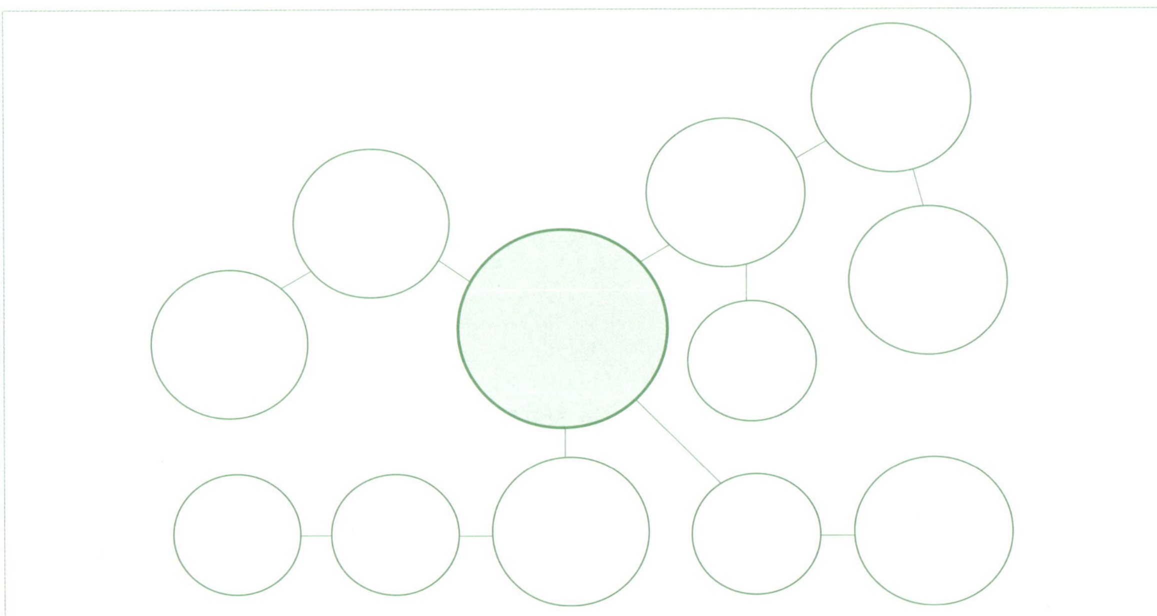

■ 어떤 주제로 보고서를 쓰고 싶은지 구체적으로 이야기해 봅시다.

보고서의 종류

- 연구 보고서: 새로운 사실이나 생각을 논리적으로 입증한 글
- 조사 보고서: 어떤 것을 조사한 후 그 결과를 적은 것. 조사 결과를 표나 그림으로 알아보기 쉽게 도식화 해야 함.
- 실험 보고서: 실험 목적, 실험 방법 및 절차, 실험 결과와 결과에 대한 분석으로 이루어짐.

2 주제 정하기

보기 와 같이 다음을 보고서의 진주제로 고쳐 봅시다.

보기

중국과 한국의 명절 문화 → 중국과 한국의 설날 놀이 문화 비교

(1) 한국어 공부 방법 →

(2) 편의점 도시락 비교 →

(3) 자금성과 경복궁 비교 →

(4) 내가 좋아하는 한국 영화 →

(5) 동물이 인간에게 미치는 영향 →

(6) K-POP이 아시아 국가의 청년층에 미치는 영향 →

좋은 주제의 조건

- 구체적이어야 함.
- 내가 쓸 수 있는 수준이어야 함.
- 비교 시 기준이 명확해야 함.

다음과 같이 보고서 가주제부터 시작하여 진주제와 주제문을 써 봅시다.

가주제	중국과 한국의 식사 문화
	↓
진주제	중국과 한국의 젓가락 문화 비교
	↓
주제문	중국과 한국 젓가락은 소재와 형태가 다르다.

- 가주제
  일반적이고 추상적인 주제
- 진주제
  개별적이고 구체적인 주제
- 주제문
  진주제를 하나의 문장으로 쓴 것.

가주제	
	↓
진주제	
	↓
주제문	

주제문의 요건

- 주어와 서술어가 있는 평서문으로 씀.
- 너무 넓은 범위를 다루지 않음.
- 하나의 주제만 표현함.

학교생활 더하기

시험 답안 쓰기

- 시험 문제를 먼저 잘 읽고, 문제에 따라 생각을 정리한다.
- 단락별로 쓸 내용을 간단히 정리한다.
- 기본적으로 서론 – 본론 – 결론의 3단 구성으로 작성한다.
- 답안이 한 편의 완성된 글이 되도록 한다.
- '–ㄴ다/는다'의 문어체로 쓴다.
- 새로운 단락이 시작할 때 한 글자 들여쓰기하여 단락을 구분한다.
- 이모티콘이나 줄임말은 쓰지 않는다.
- 답안을 제출하기 전 한글 맞춤법과 띄어쓰기 등의 실수가 없는지 확인한다.

2023학년도 제2학기 중간고사 문제지

1. 한국어 높임법에 관해 설명하십시오.

1단락(서론): 높임법의 정의
2단락(본론 1): 주체높임법 설명
3단락(본론 2): 객체높임법 설명
4단락(본론 3): 상대높임법 설명
5단락(결론): 한국어 높임법 정리

대학(원) 시험 문제 유형

- 설명형 문제: ~에 대해/관해 설명하십시오.
- 논술형 문제: ~에 대한/관한 생각을 논리적으로 서술하십시오, ~에 대한/관한 견해를 논하십시오.

고 사 답 안 지

건국대학교

연도 및 기별	교과목	학부(과) 및 전공	학년	학 번	성 명	감독자인
2023학년도 제2학기 (중간)						

점수
채점자인

높임법이란 다른 사람을 높여서 말하는 법으로, 한국어는 높임법이 발달한 언어입니다. 한국어의 높임법은 그 대상이 누구인지에 따라서 문장의 주체를 높이는 주체높임법, 한 문장의 주어의 행위가 미치는 대상을 높이는 객체높임법, 말을 듣는 상대편을 높이는 상대높임법으로 크게 나눕니다.

첫째, 주체높임법은 용언의 어간에 높임의 선어말어미 '–시–'를 붙여 문장의 주체를 높입니다. 예를 들어, '어머니는 지혜로운 분이십니다.'와 같이 용언의 어간에 '–시–'를 붙여 문장의 주체를 높여 표현합니다.

둘째, 객체높임법은 한 문장의 주어의 행위가 미치는 대상을 높여 표현합니다. 오늘날 한국어의 '보다', '주다', '말하다'에 대하여 '뵙다', '드리다', '여쭈다'를 써서 표현하는 것을 말합니다.

셋째, 상대높임법은 일정한 종결 어미를 선택함으로써 상대편을 높여 표현합니다. 먼저 격식체로 상대편을 아주 높이는 종결형인 '하십시오체', 상대편을 보통으로 높이는 종결형인 '하오체', 보통으로 낮추면서 약간 대우하여 주는 종결형인 '하게체', 상대편을 아주 낮추는 종결형인 '해라체'가 있습니다. 그리고 비격식체로 상대편을 보통으로 높이는 뜻을 나타내는 종결형인 '해요체'와 상대편을 높이지 않는 뜻을 나타내는 종결형인 '해체'가 있습니다.

이처럼 한국어 높임법은 화자가 주체, 객체, 청자를 대접하는 문법범주로, 그 대상이 누구인지에 따라서 평소에 주의해서 잘 사용해야 합니다.

건국대학교

연도 및 기별	교과목	학부(과) 및 전공	학년	학 번	성 명	감독자인
2023학년도 제2학기 (중간)						

점수
채점자인

높임법이란 다른 사람을 높여서 말하는 법으로, 한국어는 높임법이 발달한 언어이다.

7과

개요와 목차

학습 목표

1. 보고서를 쓰는 목적에 따라 개요를 작성할 수 있다.
2. 보고서의 목차를 일목요연하게 작성할 수 있다.

준비하기

1 보고서를 쓰는 과정을 순서대로 설명해 봅시다.

주제 설정	›		›		›		›		›	

2 개요와 목차의 차이점에 관해 이야기해 봅시다.

1 개요 작성하기

개요(槪要, outline)는 글쓴이가 머릿속에서 생각한 것을 체계화하여 작성한 글의 설계도이다. 개요를 작성한 후 보고서를 쓰면 전체적인 구성이 적절하게 이루어졌는지, 빠진 부분이나 불필요한 부분이 없는지 스스로 점검할 수 있다.

개요의 종류

⊙ **화제 개요**
- 중요 내용을 핵심어로 작성하는 개요
- 글의 길이가 짧거나 구조가 단순한 글, 자신이 잘 아는 내용의 개요 작성 시 사용

⊙ **문장 개요**
- 중요 내용을 주어와 서술어가 있는 문장 형식으로 작성하는 개요
- 글의 구조나 주제가 복잡하거나 어려운 분야의 보고서 작성 시 사용

진주제: 중국과 한국의 젓가락 문화 비교
주제문: 중국과 한국 젓가락은 소재와 형태가 다르다.

화제 개요	문장 개요
1. 서론: 중국과 한국의 식사 도구 차이	1. 서론: 중국과 한국의 식사 도구 중 젓가락의 차이가 크다.
2. 젓가락의 역사 2.1. 젓가락의 유래 2.2. 젓가락의 발전	2. 중국과 한국은 전통적으로 식사 시 젓가락을 사용해 왔다. 2.1. 젓가락은 중국에서 처음 발명되어 사용되었다. 2.2. 젓가락은 식사 도구로서 신분과 지위의 높음을 나타내기도 하여 그 종류와 모양도 다양해졌다.
3. 중국과 한국의 젓가락 소재	3. 중국 젓가락의 소재는 나무인데, 한국 젓가락의 소재는 쇠이다.
4. 중국과 한국의 젓가락 형태 4.1. 젓가락 길이 4.2. 젓가락 모양과 두께	4. 중국과 한국의 젓가락 길이, 모양과 두께가 다르다. 4.1. 중국 젓가락은 한국 젓가락보다 길이가 길다. 4.2. 중국 젓가락은 굵고 뭉툭한데, 한국 젓가락은 납작하고 끝이 뾰족하다.
5. 결론: 본론 정리	5. 결론: 본론의 내용을 요약정리한다.

✎ 영상영화학과에 재학 중인 유학생이 작성하고 있는 화제 개요와 문장 개요를 완성해 봅시다.

진주제: 마른 몸매를 강요하는 현대 사회
주제문: 지나친 다이어트로 몸과 마음의 건강을 해치지 않도록 주의해야 한다.

화제 개요	문장 개요
1. 서론: 다이어트의 유래와 왜곡	1. 서론: 원래 다이어트는 식이요법이었는데, 현대 사회에서는 체중 감량으로 왜곡되었다.
2. 다이어트 과잉 현상 2.1. 2.2. 2.3.	2. 오늘날 마른 몸을 강요하는 다이어트 열풍이 전 세계적으로 심각하다. 2.1. 2.2. 2.3.
3. 과잉 다이어트의 원인 3.1. 3.2. 3.3.	3. 과잉 다이어트의 가장 큰 원인은 대중매체 속 연예인에 대한 모방 때문이다. 3.1. 3.2. 3.3.
4. 과잉 다이어트의 문제점 4.1. 신체 건강 4.2. 정신 건강	4. 과잉 다이어트는 신체와 정신 건강을 해칠 수 있다. 4.1. 4.2.
5. 결론: 본론 정리	5. 결론: 본론의 내용을 요약정리한다.

✎ 다음 중국 유학생이 작성한 개요의 문제점을 찾아 올바르게 고쳐 봅시다.

진주제: 중국 청소년 흡연율 증가 원인과 해결방안
주제문: 중국 청소년 흡연에 관한 여러 대책을 마련해야 한다.

1. 머리말
2. 원인
   2.1. 공부에 대한 스트레스
   2.2. 어른의 흡연을 보고 배움
   2.3. 흡연 광고를 보면서 호기심을 가짐
3. 대책
   3.1. 성인의 금연 운동 전개
   3.2. 성적 만능주의의 교육 문제 해결
   3.3. 흡연 광고를 규제하는 정책 시행
4. 실태
   4.1. 최근 3년간 중학생의 흡연율
   4.2. 최근 3년간 고등학생의 흡연율
5. 결론

• 한 편의 보고서에서는 '서론'과 '결론', '들어가며'와 '나오며', '머리말'과 '맺음말'로 써야 함.

⇩

진주제: 중국 청소년 흡연율 증가 원인과 해결방안
주제문: 중국 청소년 흡연에 관한 여러 대책을 마련해야 한다.

자신이 쓸 보고서의 내용을 완결된 한 문장으로 표현한 주제문을 먼저 작성하고, 진주제를 잘 드러낸 화제 개요나 문장 개요를 작성해 봅시다.

진주제:
주제문:

화제 개요

1. 서론
2.
   2.1.
   2.2.
3.
4.
5. 결론

문장 개요

1. 서론
2.
   2.1.
   2.2.
3.
4.
5. 결론

보고서 작성 시 분량

- 서론 10~20%
- 본론 60~80%
- 결론 10~20%

서론

- 무엇을, 어떻게, 왜 다루려고 하는지 소개하는 부분
- 문제를 제기하며 보고서 작성 목적 제시

본론

- 서론에서 제시한 문제를 깊이 있게 다루는 부분
- 사실 제시
- 구체적인 근거 제시
- 글쓴이의 의견 제시
- 문제 해결 방안 제시
- 통계나 학설로 주제 강화
- 본론을 구성하는 방법은 보고서의 성격과 주제에 따라 다름.

결론

- 요약하면서 마무리하는 부분
- 중요 내용 강조

2 목차 작성하기

목차는 보고서의 차례를 순서대로 나열해 놓은 것이다. 보고서의 독자는 보통 제목과 더불어 목차부터 본다. 따라서 보고서 전체 내용을 누구나 바로 파악할 수 있도록 목차를 일목요연하게 잘 작성하는 것이 중요하다.

진주제: 중국과 한국의 젓가락 문화 비교
주제문: 중국과 한국 젓가락은 소재와 형태가 다르다.
제 목: 중국과 한국의 젓가락 비교: 소재 및 형태를 중심으로

수 목차
- 숫자와 점으로 이루어진 목차
- 비교적 짧은 보고서에서 사용

목차

1. 서론

2. 젓가락의 역사
   2.1. 젓가락의 유래
   2.2. 젓가락의 발전

3. 중국과 한국의 젓가락 소재

4. 중국과 한국의 젓가락 형태
   4.1. 젓가락 길이
   4.2. 젓가락 모양과 두께

5. 결론

참고문헌

국제무역학과 류정이

보고서 목차를 일목요연하게 작성해 봅시다.

진주제:
주제문:
제 목:

목차

1. 서론

2.

2.1.

2.2.

2.3.

3.

3.1.

3.2.

4.

5. 결론

참고문헌

■ 보고서 목차가 일목요연하게 잘 작성되었는지 학우들과 서로 검토해 봅시다.

자 기 평 가

- ⊘ 독자에게 흥미를 줄 수 있는 보고서 주제와 개요입니까?
- ⊘ 한 편의 보고서를 작성하기에 본론의 소주제가 충분합니까?
- ⊘ 보고서 목차가 체계적이어서 독자가 이해하기 쉽습니까?

8과

서론 쓰기

학습 목표

1. 서론 작성 방법에 따라 보고서 서론을 작성할 수 있다.
2. 핵심어를 중심으로 보고서의 제목을 붙일 수 있다.

준비하기

1 기억에 남는 책 제목이 있습니까? 제목과 내용을 말해 봅시다.

2 독자의 흥미를 끌 수 있게 보고서의 서론을 어떻게 시작하면 좋을지 이야기해 봅시다.

1 서론 작성하기

서론(序論, introduction) 구성 방법

도입부 + 문제 제기

⦿ 도입부

- 주제의 필요성과 중요성을 강조한다.
- 독자가 주제에 관심을 가지도록 유도한다.

⦿ 문제 제기

- 보고서 작성 목적과 방향을 제시한다.

보고서 작성 시 자주 쓰는 어휘

- 본고, 필자
  예) **본고**에서는 경영학을 전공한 중국인 유학생의 한국 대학 졸업 후 취업 방향을 조사하고자 한다. 이에 경영학과 재학생인 **필자**는 건국대학교 경영학과를 졸업한 중국인 선배를 만나서 직접 인터뷰하였다.

서론의 특징

- 서론은 현재나 미래 시제를 사용
  예) 이 보고서에서는 중국인 유학생에게 가장 효과적인 한국어 어휘 교육 방법을 **모색해 보고자 한다/모색해 볼 것이다.**

서론에서 자주 쓰는 표현

- **주제의 필요성**

~을/를 위해서 ~하기 위해서 ~을/를 때 ~기에	~아/어/해야 한다. ~이/가 요구된다. ~이/가 중요하다. ~이/가 필요하다. ~을/를 생각해야 한다.

- **보고서 작성 목적**

본 보고서는 본고는 본고에서는 이 보고서는 이 보고서에서는	~을/를 ~에 대해	검토하 고찰하 논의하 모색하 분석하 살피	~는 데 목적이 있다. ~고자 한다. ~(으)ㄹ 것이다.

예시

한국에 처음 왔을 때 북촌 한옥마을에 가서 한국 문화를 체험했다. 한국의 전통 가옥인 한옥 문화 체험을 했는데 마당과 마루, 나무 기둥과 기와를 보며 아름다운 건축양식이라고 생각했다. 한옥은 남방 문화인 마루와 북방 문화인 온돌이 만난 것으로 인문학적인 면에서도 독특한 양식이다. 한옥은 개인의 휴식 공간일 뿐 아니라 공동체를 위한 개방의 공간이다. 한국은 전통적으로 개인보다는 가족과 이웃을 중시하였는데, 이러한 사상이 전통 건축양식에도 반영되어 있었다. 이에 건축학을 전공하는 필자는 한국의 전통 건축 문화를 이해하기 위해서는 무엇보다 한옥의 구조와 특징에 대한 이해가 중요하다고 생각한다. **도입부**

한옥은 지역에 따라 그 종류가 달라 구조적으로 차이가 크게 난다. 필자는 지역에 따라 한옥이 어떤 차이가 있으며, 그러한 차이가 나타나게 된 이유에 관해서도 분석하고자 한다. 이에 본고에서는 지역에 따른 한옥의 구조를 구체적으로 살펴봄으로써 지역별 차이와 그 원인에 대해 고찰하는 데 목적이 있다. **문제제기**

다음 보고서의 서론을 읽고 도입부와 문제 제기를 표시해 봅시다.

한국 유학을 와 기숙사에서 살면서 편리하다고 느꼈던 것 중 하나가 음식 배달이다. 다양한 음식 배달 애플리케이션을 이용해 어떤 음식이든 늦은 밤까지 배달해 주는 편리함에 큰 매력을 느꼈다. 한국에서 음식 배달의 역사는 매우 오래되었는데, 조선 영조 때 황윤석이라는 선비가 냉면을 시켜 먹었다는 일기가 남아있다. 이처럼 한국의 음식 배달 역사는 유구하며 그 문화가 현재까지 이어지고 있다. 이에 오늘날 한국인의 생활 방식을 이해하기 위해서는 음식 배달 문화를 조사할 필요가 있다. 음식 배달 문화를 조사하면 오늘날 한국인이 선호하는 음식과 외식 트렌드도 알 수 있을 것이다. 따라서 본 보고서에서는 설문조사를 통해 한국인이 선호하는 배달 음식의 종류와 그 이유에 대해 구체적으로 살펴보고자 한다. 또한 연령대에 따른 배달 음식 선호도가 어떻게 다른지도 함께 알아볼 것이다.

서론을 작성하는 방법은 다양합니다. 다음 보고서를 읽어본 후 주제를 생각해 봅시다. 그리고 밑줄 친 부분이 어떤 서론을 시작하는 방법을 사용한 것인지 찾아 써 봅시다.

서론을 시작하는 방법

개념 정의하기	문답하기	경험 이야기하기
유명한 글 인용하기	시사적 사건 언급하기	반대 입장 반박하기

1) 주제

오늘날 전 세계 수많은 사람이 소셜미디어(Social Media)를 즐겨 이용하고 있다. ① 소셜미디어란 네트워크상에서 개인의 의견이나 경험, 정보 등을 공유하고 타인과의 관계를 생성 또는 확장 시킬 수 있는 온라인 플랫폼을 말한다. 최근에는 어느 나라든 거의 같은 온라인 플랫폼을 이용하고 있다. 하지만 일본과 한국의 대표적인 SNS에는 차이가 있다. 일본을 대표하는 SNS는 '라인(LINE)'이고, 한국을 대표하는 SNS는 '카카오톡(KakaoTalk)'이다. 따라서 한국에 사는 일본인이나 일본에 사는 한국인을 위해 카카오톡과 라인의 차이에 대한 이해가 필요하다.

② 실제로 일본 유학생인 필자는 한국에 와서 처음 써 본 카카오톡의 이용이 어렵고 낯설었다. 내가 평소에 사용했던 SNS가 아니었고 사용 방법 또한 달랐기 때문이다. 이러한 어려움을 겪은 것은 비단 필자 혼자만의 문제가 아니었으리라 생각한다. 이에 본고는 소셜미디어의 종류에 대해 먼저 살펴본 후, 일본과 한국의 SNS인 라인과 카카오톡을 비교·분석해 구체적으로 알아보는 데 목적이 있다.

미디어커뮤니케이션학과 후쿠모토아이코

① ______ ② ______

2)

주제

① 세계 최고의 미남으로 불리던 유명한 배우가 안락사를 결정했다는 소식이 전해졌다. 그는 뇌졸중 수술 후 스위스에서 노년을 보내고 있는데 아들에게 자신이 떠날 순간을 정하면 임종을 지켜봐 달라고 했다는 것이다. 안락사 관련 기사들은 심심치 않게 찾아볼 수 있다. 그때마다 언급되는 것은 안락사를 허용할 수 있느냐는 것이다. 안락사는 인간의 생명과 직접 관련된 문제라 윤리적인 측면에서 오랜 시간 찬반 논쟁이 있었다.

② 안락사를 지지하는 사람들은 인간은 자신의 인생을 결정할 권리가 있기에 죽음 또한 스스로 선택할 수 있어야 한다고 이야기한다. 특히 병에 걸려 고통만 남게 되었을 경우 더 이상의 고통을 겪지 않을 권리를 주장하고 있다. 하지만 안락사는 그리 쉽게 허용할 수 있는 문제가 아니다. 안락사를 허용했을 때의 여러 문제점을 생각해 보아야 한다. 따라서 본고에서는 안락사의 종류와 이를 허용했을 때 생길 수 있는 문제점을 논의해 보고자 한다.

①

②

3) 주제

① 영국의 총리였던 윈스턴 처칠(Winston Churchill)은 "짧은 단어가 최고이며 그중에서도 친근한 단어가 최고이다."라고 하였다. 그의 말처럼 요즘 젊은 사람들이 사용하는 단어는 줄임말이 대부분이다. 줄임말은 긴 단어나 문장을 짧게 줄여주기 때문에 효용성이 높다고 할 수 있다. 하지만 줄임말은 특정 세대를 중심으로 사용하기 때문에 다른 세대는 단어의 의미를 이해하지 못하는 경우가 많다. ② '저메추'라는 단어의 의미는 무엇일까? 이 줄임말의 의미는 '저녁 메뉴 추천'이다. 이런 줄임말을 사용했을 때 다른 세대와 언어 단절을 불러일으켜 세대 간 단절을 불러일으킬 수도 있기에 오늘날 줄임말 문제에 대한 논의는 무엇보다 중요하다.

줄임말이 요즘 들어 갑자기 생긴 것은 아니다. 하지만 줄이는 방법이 많이 달라졌다. 예전에는 긴 단어를 줄여서 사용했다면, 요즘에는 문장 자체를 줄여서 사용한다. 그래서 줄임말을 더 이해하지 못하는 것이다. 이에 본고에서는 요즘 젊은 사람들이 자주 사용하는 줄임말의 종류를 구체적으로 살펴보고 줄임말의 장단점, 단점의 극복 방안을 모색해 보고자 한다.

①

②

보고서 작성 목적이 명확하게 잘 드러나 독자가 관심을 가질 수 있는 보고서 서론을 써 봅시다.

2 제목 작성하기

■ **제목은 보고서의 얼굴이다. 따라서 제목을 보고 독자가 보고서의 주제를 바로 알 수 있도록 구체적이면서도 독자의 관심을 끌 수 있어야 한다.**

✎ **보고서의 제목은 핵심어를 담고 있어야 합니다. 다음 〈예시〉와 같이 핵심어를 찾고 이를 사용하여 제목을 작성해 봅시다.**

예시

한국에 처음 왔을 때 북촌 한옥마을에 가서 한국 문화를 체험했다. 한국의 전통 가옥인 한옥 문화 체험을 했는데 마당과 마루, 나무 기둥과 기와를 보며 아름다운 건축양식이라고 생각했다. 한옥은 남방 문화인 마루와 북방 문화인 온돌이 만난 것으로 인문학적인 면에서도 독특한 양식이다. 한옥은 개인의 휴식 공간일 뿐 아니라 공동체를 위한 개방의 공간이다. 한국은 전통적으로 개인보다는 가족과 이웃을 중시하였는데, 이러한 사상이 전통 건축양식에도 반영되어 있었다. 이에 건축학을 전공하는 필자는 한국의 전통 건축 문화를 이해하기 위해서는 무엇보다 한옥의 구조와 특징에 대한 이해가 중요하다고 생각한다.

한옥은 지역에 따라 그 종류가 달라 구조적으로 차이가 크게 난다. 필자는 지역에 따라 한옥이 어떤 차이가 있으며, 그러한 차이가 나타나게 된 이유에 관해서도 분석하고자 한다. 이에 본고에서는 지역에 따른 한옥의 구조를 구체적으로 살펴봄으로써 지역별 차이와 그 원인에 대해 고찰하는 데 목적이 있다.

(1) 핵심어를 찾아봅시다.
한옥, 건축양식, 전통적, 종류, 한옥의 구조, 지역별 차이

(2) 보고서의 제목을 써 봅시다.
한옥의 종류와 특성
한국의 전통 건축양식, 한옥
지역에 따라 다른 한옥의 종류

제목 작성

- 핵심어를 중심으로 제목을 씀. (예: 학술적인 보고서)
- 글 전체 주제를 드러낼 수 있는 단어나 구를 제목으로 삼음. (예: 신문)

부제목 작성

- 긴 제목은 부제목을 활용함.
  예) ~을/를 중심으로
  ~을/를 대상으로
  ~을/를 바탕으로

1) 오늘날 전 세계 수많은 사람이 소셜미디어(Social Media)를 즐겨 이용하고 있다. 소셜미디어란 네트워크상에서 개인의 의견이나 경험, 정보 등을 공유하고 타인과의 관계를 생성 또는 확장시킬 수 있는 온라인 플랫폼을 말한다. 최근에는 어느 나라든 거의 같은 온라인 플랫폼을 이용하고 있다. 하지만 일본과 한국의 대표적인 SNS에는 차이가 있다. 일본을 대표하는 SNS는 '라인(LINE)'이고, 한국을 대표하는 SNS는 '카카오톡(KakaoTalk)'이다. 따라서 한국에 사는 일본인이나 일본에 사는 한국인을 위해 카카오톡과 라인의 차이에 대한 이해가 필요하다.

실제로 일본 유학생인 필자는 한국에 와서 처음 써 본 카카오톡의 이용이 어렵고 낯설었다. 내가 평소에 사용했던 SNS가 아니었고 사용 방법 또한 달랐기 때문이다. 이러한 어려움을 겪은 것은 비단 필자 혼자만의 문제가 아니었으리라 생각한다. 이에 본고는 소셜미디어의 종류에 대해 먼저 살펴본 후, 일본과 한국의 SNS인 라인과 카카오톡을 비교·분석해 구체적으로 알아보는 데 목적이 있다.

미디어커뮤니케이션학과 후쿠모토아이코

(1) 핵심어를 찾아봅시다.

(2) 보고서의 제목을 써 봅시다.

2) 세계 최고의 미남으로 불리던 유명한 배우가 안락사를 결정했다는 소식이 전해졌다. 그는 뇌졸중 수술 후 스위스에서 노년을 보내고 있는데 아들에게 자신이 떠날 순간을 정하면 임종을 지켜봐 달라고 했다는 것이다. 안락사 관련 기사들은 심심치 않게 찾아볼 수 있다. 그때마다 언급되는 것은 안락사를 허용할 수 있느냐는 것이다. 안락사는 인간의 생명과 직접 관련된 문제라 윤리적인 측면에서 오랜 시간 찬반 논쟁이 있었다.

안락사를 지지하는 사람들은 인간은 자신의 인생을 결정할 권리가 있기에 죽음 또한 스스로 선택할 수 있어야 한다고 이야기한다. 특히 병에 걸려 고통만 남게 되었을 경우 더 이상의 고통을 겪지 않을 권리를 주장하고 있다. 하지만 안락사는 그리 쉽게 허용할 수 있는 문제가 아니다. 안락사를 허용했을 때의 여러 문제점을 생각해 보아야 한다. 따라서 본고에서는 안락사의 종류와 이를 허용했을 때 생길 수 있는 문제점을 논의해 보고자 한다.

(1) 핵심어를 찾아봅시다.

(2) 보고서의 제목을 써 봅시다.

3) 영국의 총리였던 윈스턴 처칠(Winston Churchill)은 "짧은 단어가 최고이며 그중에서도 친근한 단어가 최고이다."라고 하였다. 그의 말처럼 요즘 젊은 사람들이 사용하는 단어는 줄임말이 대부분이다. 줄임말은 긴 단어나 문장을 짧게 줄여주기 때문에 효용성이 높다고 할 수 있다. 하지만 줄임말은 특정 세대를 중심으로 사용하기 때문에 다른 세대는 단어의 의미를 이해하지 못하는 경우가 많다. '저메추'라는 단어의 의미는 무엇일까? 이 줄임말의 의미는 '저녁 메뉴 추천'이다. 이런 줄임말을 사용했을 때 다른 세대와 언어 단절을 불러일으켜 세대 간 단절을 불러일으킬 수도 있기에 오늘날 줄임말 문제에 대한 논의는 무엇보다 중요하다.

줄임말이 요즘 들어 갑자기 생긴 것은 아니다. 하지만 줄이는 방법이 많이 달라졌다. 예전에는 긴 단어를 줄여서 사용했다면, 요즘에는 문장 자체를 줄여서 사용한다. 그래서 줄임말을 더 이해하지 못하는 것이다. 이에 본고에서는 요즘 젊은 사람들이 자주 사용하는 줄임말의 종류를 구체적으로 살펴보고 줄임말의 장단점, 단점의 극복 방안을 모색해 보고자 한다.

(1) 핵심어를 찾아봅시다.

(2) 보고서의 제목을 써 봅시다.

보고서의 핵심어를 먼저 써 봅시다. 핵심어를 중심으로 제목도 작성해 봅시다.

(1) 핵심어

---

(2) 보고서의 제목

자 기 평 가

- 보고서의 제목이 핵심어를 잘 담고 있습니까?
- 서론에 보고서 작성 목적이 명확하게 제시되어 있습니까?
- 서론에 보고서 주제와 방향이 선명하게 잘 드러나 있습니까?

9과

본론 쓰기 1

학습 목표

1. 보고서 본론 작성 방법을 안다.
2. 본론 작성 방법에 따라 보고서 본론을 작성할 수 있다.

준비하기

1 '효과적인 한국어 어휘 공부 방법'에 관해 보고서를 작성하려고 합니다. 나의 평소 한국어 어휘 공부 방법에 관해 생각하면서 메모해 봅시다.

- 그날 배운 어휘, 표현 그날 모두 외우기
-
-

2 '효과적인 한국어 어휘 공부 방법'을 주제로 한 보고서 본론에 들어가면 가장 좋은 방법을 발표해 봅시다.

- 그날 배운 어휘와 표현은 그날 모두 외웁니다.
-
-

3 학우들의 발표를 들으며 보고서의 본론 내용으로 들어가면 좋은 방법을 정리해 봅시다.

- 그날 배운 어휘와 표현은 그날 모두 외운다.
-
-

1 본론 작성 방법 익히기

본론(本論, body) 구성 방법

- 사실을 제시하고 그에 대한 구체적인 자료를 제시한다.
- 글쓴이의 주장을 뒷받침하는 근거나 자료를 제시한다.
- 글쓴이와 다른 주장이나 견해를 제시하면서 그 차이를 설명한다.

본론 작성 시 주의사항

- 체계적이고 논리적으로 설명해야 한다.
- 한 단락 안에 하나의 소주제만 들어가야 한다.
- 소주제의 뒷받침 문장은 출처가 정확해야 한다.
- 소주제는 글의 주제와 통일성이 있어야 한다.
- 문장이 간결하고, 독자가 이해하기 쉽도록 쓴다.
- 신뢰할 수 있는 자료를 바탕으로 객관적인 입장에서 써야 한다.

근거나 자료 제시 방법

- 권위 있는 전문가 견해 쓰기
- 설문조사 결과 쓰기
- 실제 경험담 쓰기
- 직접 실험하기
- 최근 신문 기사 인용하기

- 대학 보고서는 '조사 보고서'를 많이 쓰지만, 전공 지식이 많이 쌓이면 글쓴이의 견해를 주장하는 '연구 보고서'를 쓰게 됨.

연구 보고서에서 본론의 근거 제시 방법

귀납법

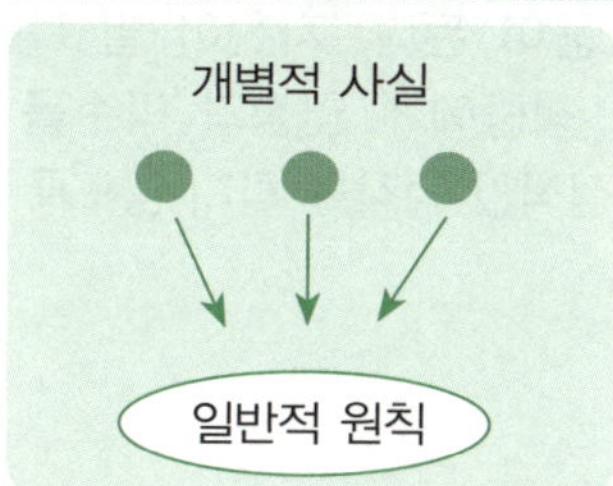

연역법

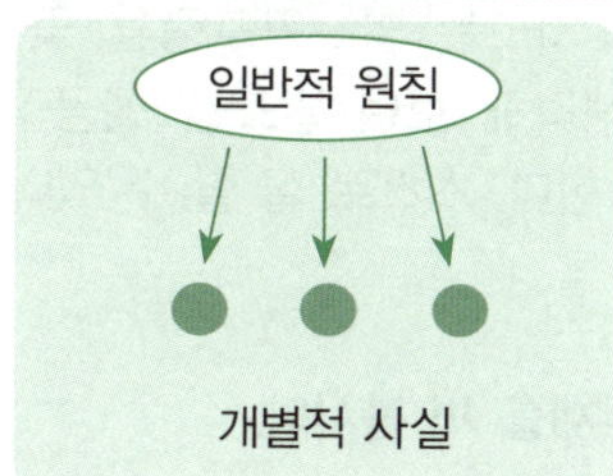

- **귀납법**(歸納法, the inductive method): 개별적인 특수한 사실이나 원리로부터 일반적이고 보편적인 명제 및 법칙을 유도해 낸다. 통계를 제시한 후 결론을 내린다. 잘못된 근거로 인해 결론이 틀릴 수도 있다.

  예) 소크라테스는 죽었다. 플라톤도 죽었다. 아리스토텔레스도 죽었다.
  소크라테스, 플라톤, 아리스토텔레스는 모두 사람이다.
  그러므로 모든 사람은 죽는다.

- **연역법**(演繹法, the deductive method): 일반적인 사실이나 원리를 전제로 하여 개별적인 사실이나 보다 특수한 다른 원리를 이끌어 낸다. 경험을 필요로 하지 않는 순수한 사유에 의하여 이루어지며, 그 전형은 **삼단 논법**이다.

  예) 모든 사람은 죽는다. **대전제**
  소크라테스는 사람이다. **소전제**
  그러므로 소크라테스는 죽는다. **결론**

다음 중국 유학생의 보고서 본론의 일부를 읽고 질문에 답해 봅시다.

본고에서는 발표공포증이 심한 대학생을 위해 발표공포증의 대표 증상, 그리고 그 원인과 극복 방법에 대해 살펴보고자 한다.

① 발표 공포로 인한 신체 증상은 사람마다 다르다. 어떤 사람은 식은땀이 나고, 어떤 사람은 얼굴이 붉어진다. 다리와 손이 떨리면서 호흡이 가빠지는 증상을 보이기도 한다. 발표공포증이 매우 심한 사람은 호흡곤란 증상까지 나타날 수 있다고 한다.

② 발표공포증이 있는 사람은 발표 전에 심리적인 증상이 나타난다. 발표를 시작하기 전부터 초조해하며 발표 중에 실수할까 봐 걱정한다. 이러한 증상은 발표에 많은 영향을 준다.

③ 발표에 두려움이 있는 사람은 대개 개인적인 경험에서 비롯된다. 과거에 실패한 발표 경험이 발표공포증이 생기는 원인 중 하나다. 실패한 발표로 인해 심한 타격을 받으면 발표가 두려울 수밖에 없다.

④ 발표하기 전에 가장 중요한 것은 철저한 준비를 하는 것이다. 끊임없는 연습을 통해 발표에 대한 두려움을 줄일 수 있다. 연습 횟수가 많아질수록 자신감이 자연스럽게 커질 수밖에 없다. 철저한 준비로 자신감을 기르면서 발표공포증을 스스로 극복할 수 있어야 할 것이다.

⑤ 발표공포증이 있는 사람은 완벽주의 성향과 자존심이 센 성격인 경우가 많다. 또한 이들은 예민한 자율신경계를 가지고 있어 더 심하게 긴장한다. 이러한 완벽주의 성향은 불안감을 더 낳기 쉬우며, 너무 높은 목표를 세우고 완벽한 결과를 기대하는 것은 오히려 스트레스를 증가시킨다.

⑥ 발표 전부터 스스로 마음을 가다듬는 것이 중요하다. 자신의 발표 시간이 다가오면 앉거나 선 자세에서 호흡을 깊게 하면서 몸과 마음의 이완을 유도해 본다.

⑦ 긍정적인 사고는 발표공포증을 극복하는 데 도움이 된다. 자신이 발표를 두려워하는 이유를 먼저 생각해 보며 발표를 성공적으로 마치고 청중에게 인정과 박수를 받는 모습을 상상해 보도록 한다. 스스로 잘 할 수 있다고 믿으며 부정적인 생각을 하지 않도록 한다.

경영학과 서가동

(1) 보고서의 주제를 써 봅시다.

(2) 보고서 본론을 통해 보고서의 제목을 달아 봅시다.

(3) 발표공포증의 증상, 원인, 극복법으로 나눠 봅시다.

증상	원인	극복법
①		

(4) 여러분이 아는 발표공포증 극복법에 관해 이야기해 봅시다.

✎ 다음 일본 유학생의 보고서 본론의 일부를 읽고 질문에 답해 봅시다.

① 오늘날 인터넷이 발달함에 따라 SNS(Social Network Service)를 이용하는 사람들이 점점 증가하고 있다. SNS는 인터넷을 통해서 사람과 사람을 연결하는 서비스다. 본고에서는 오늘날 일본과 한국을 대표하는 수많은 SNS를 문장, 사진, 동영상, 라이브 방송 등 크게 4가지 종류로 나누어 보았다. 먼저 문장이 중심이 되는 대표적 SNS로는 라인(LINE), 카카오톡(KakaoTalk)이 있고, 사진이 중심이 되는 대표적 SNS로는 인스타그램(Instagram)이, 동영상이 중심이 되는 대표적 SNS로는 유튜브(YouTube)와 틱톡(TikTok)이 있다. 그리고 라이브 방송이 중심이 되는 대표적 SNS로는 인스타 라이브와 아프리카 TV가 있다.

② 먼저 라인과 카카오톡의 가장 눈에 띄는 특징은 '읽음'을 나타내는 방법이다. 라인은 상대가 읽으면 '읽음'이 대화 옆에 표시되고, 단체 채팅방의 경우 읽은 인원수가 '읽음' 옆에 표시된다. 이에 반해 카카오톡은 단체 채팅방에 메시지를 보내면 읽지 않은 인원이 메시지 옆에 표시된다. 개인 채팅이나 단체 채팅방에서 모든 사람이 메시지를 읽으면 메시지 옆에 아무것도 표시되지 않는다.

③ 라인과 카카오톡 둘 다 다양한 부가서비스가 있다. 먼저 카카오톡은 카카오페이, 택시 호출, 미용실 예약 등 온라인뿐만 아니라 오프라인 서비스도 다양한 편이다. 이에 비해 라인은 라인 페이, 라인 게임, 라인 카메라 등 온라인 서비스에 집중하고 있다.

미디어커뮤니케이션학과 후쿠모토아이코

(1) 각 단락의 소제목을 붙여 봅시다.

①

②

③

(2) 보고서 본론을 통해 보고서의 제목과 부제를 달아 봅시다.

(3) 여러분 나라 사람들은 요즘 어떤 SNS를 가장 즐겨 사용하나요? 여러분 나라 사람들이 즐겨 이용하는 문장이 중심이 되는 대표적인 SNS와 한국의 카카오톡(KakaoTalk)의 차이를 이야기해 봅시다.

	카카오톡(KakaoTalk)	
'읽음'을 나타내는 방법		
부가서비스		

다음 불가리아 유학생의 보고서 본론의 일부를 읽고 질문에 답해 봅시다.

우리는 말을 하지 않아도 몸짓, 표정, 목소리 크기, 말하는 속도 등을 통해서 상대방과 대화한다. 미국 캘리포니아대학의 심리학자인 앨버트 메라비언(Albert Mehrabian) 교수는 상대방에 대한 인상이나 호감을 결정하는데 시각적 요인이 55%, 청각적 요인이 38%의 영향을 끼치는 데 비해, 말하는 내용은 7%만 작용한다는 연구 결과를 발표했다. 이렇게 말이 아닌 시각, 청각을 활용해서 생각이나 감정을 표현하는 것을 '비언어적 의사소통'이라고 한다. 나라마다 사용하는 언어가 다른 것처럼 비언어적 의사소통 방식도 나라마다 다르다. 같은 행동이 나라마다 다른 의미로 해석되어 상대방이 오해하기도 한다.

시각적인 비언어적 의사소통의 가장 대표적인 것이 '몸짓'이다. 몸짓은 나라에 따라 문화가 달라 다르게 해석된다. 예를 들어, '아니요'라는 말 대신 한국에서는 고개를 양옆으로 흔들어서 부정의 의미를 나타내지만, 우리나라에서는 이것이 긍정의 의미다. 이처럼 서로 다른 상대방의 몸짓 언어를 이해하지 못하면 상대방의 의도를 오해할 수밖에 없다.

(1) 보고서의 주제를 써 봅시다.

(2) 한국과 다른 여러분 나라의 시각적인 비언어적 의사소통 방식인 몸짓과 표정에 대해 다음 표에 먼저 정리한 후, 발표해 봅시다.

〈표 1〉 시각적인 비언어적 의사소통이 다르게 해석되는 예시

시각적인 비언어적 의사소통	행동	나라	의미
몸짓	고개를 양옆으로 흔들기	불가리아	긍정의 의미
		한국	부정의 의미
표정			

(3) 목소리가 크거나 작은 사람, 말이 빠르거나 느린 사람은 각각 어떤 성격을 지닌 사람이라고 생각하는지 이야기해 봅시다.

2 본론 작성하기

'효과적인 한국어 어휘 공부 방법'을 주제로 한 보고서입니다. 단락마다 소주제가 잘 드러나도록 두괄식으로 본론을 완성해 봅시다.

첫째, 그날 배운 어휘와 표현은 무슨 일이 있어도 그날 모두 외운다. 스스로 단어장을 하나 만들어 배운 단어들을 수시로 정리한다. 단어장에 매일 일정한 분량의 단어들은 꼭 적고, 단어들을 틈틈이 보면서 오래도록 기억하도록 노력한다. 단어장의 단어를 외우는데 어휘의 특성에 따라 발음해 보면서 몸으로 간단히 동작해 본다거나 그림으로 그려 본다거나 하는 방법 등을 해 볼 수도 있을 것이다. 이렇게 매일 적당량의 한국어 어휘 암기는 한국어에 대한 자신감을 줄 수 있다.

둘째, 배운 어휘와 표현을 실제로 사용해 본다. 배운 어휘와 표현을 이용해 문장을 만들거나 짧은 이야기를 작문해 봐야 확실하게 익힐 수 있고, 오래도록 기억할 수 있다. ______________________

본론에서 자주 쓰는 표현

- 강조: 무엇보다, 특히
- 결과: 그러므로, 그로 인해(서), 따라서
- 나열: ~(이)나/거나, 등, 또는
- 요약: 다시 말하면, 요약하면, 요컨대

단락마다 소주제가 잘 드러나도록 두괄식으로 보고서 본론을 써 봅시다.

자 기 평 가

- 서론에서 제시한 문제 제기에 따라 본론이 작성되었습니까?
- 보고서 전체 주제와 통일성이 있습니까?
- 한 단락은 한 가지 소주제로 이루어져 있습니까?
- 적절한 뒷받침 문장들이 있습니까?

10과

본론 쓰기 2

학습 목표

1. 자료를 첨부하는 방법을 안다.
2. 표와 그림을 첨부한 후 설명할 수 있다.

준비하기

1 보고서에 표나 그림이 들어가면 어떤 장점이 있을지 이야기해 봅시다.

2 시대에 따른 A시의 인구를 조사하고자 합니다. 어떤 그래프를 사용하는 것이 가장 좋을지 말해 봅시다.

<table>
<tr><td>꺾은선그래프</td><td>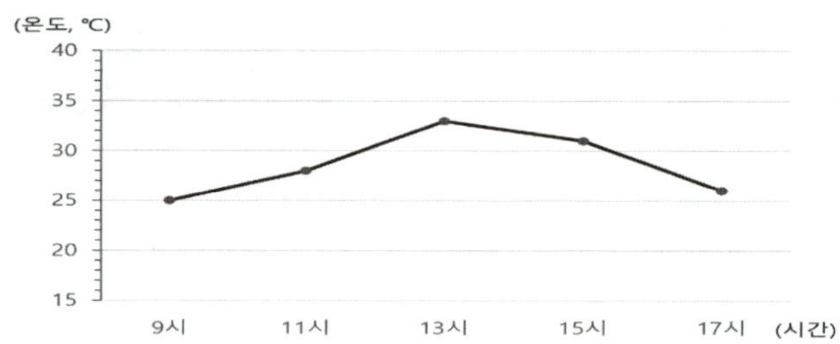
</td></tr>
<tr><td>띠그래프</td><td>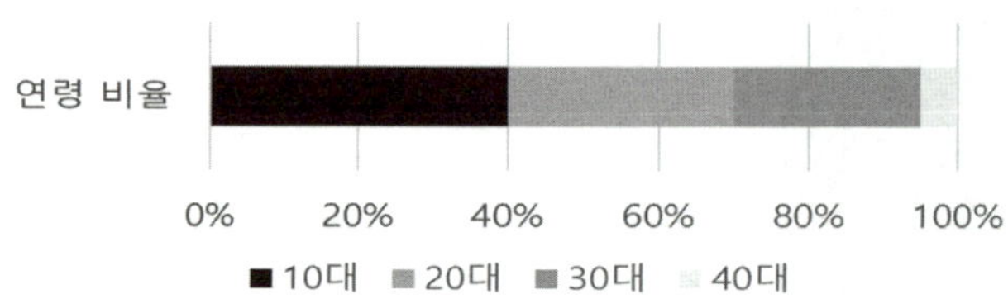
</td></tr>
<tr><td>막대그래프</td><td>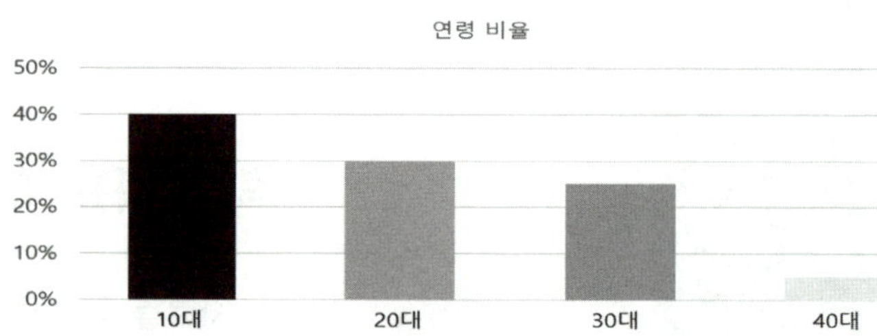
</td></tr>
<tr><td>원그래프</td><td>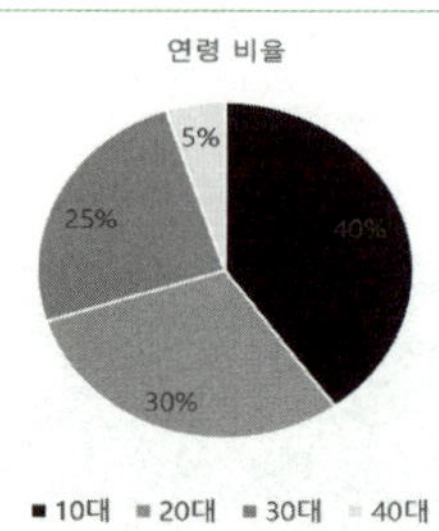
</td></tr>
</table>

1 자료 첨부하기

보고서에 자료를 첨부하는 이유

- 독자에게 효과적으로 설명할 수 있다.
- 다양한 부분을 비교 설명할 수 있다.

자료 번호 넣기

- 사진이나 그래프 같은 그림이나 표는 번호 앞에 자료 종류를 밝힌 후 각각 번호를 부여함.
  예) 〈그림 1〉, 〈그림 2〉, 〈표 1〉, 〈표 2〉

자료의 종류와 특징

⊙ 사진

- 구체적 이미지를 통해 독자의 이해를 돕는다.

⊙ 그래프

- 한눈에 전반적인 동향이나 추이를 파악하기 쉽다.

⊙ 표

- 구체적인 수치를 비교하기 쉽다.

원그래프와 띠그래프

- 공통점
  전체에서 비율을 바로 알아볼 수 있음.

막대그래프와 꺾은선그래프

- 막대그래프
  한눈에 항목별 차이나 정확한 수치를 알 수 있음. 크기를 비교할 때 사용함.
- 꺾은선그래프
  시간의 흐름에 따른 연속적 변화를 쉽게 알 수 있음.

자료 첨부 시 주의사항

- 제목은 자료의 내용을 잘 나타낸 것이어야 한다.
- 자료를 첨부할 때 그림은 아래에, 표는 위에 제목을 붙여야 한다.

예시

〈그림 1〉 신흥사 통일대불

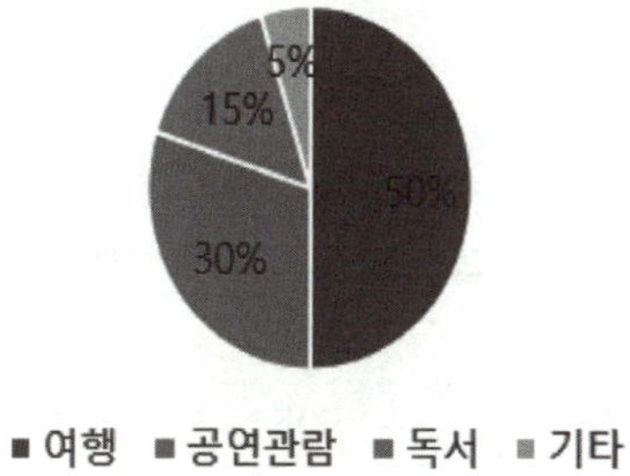

〈그림 2〉 건국대 재학생의 여가생활

〈표 1〉 A시의 연령별 인구

연령	인구 (명)
65세 이상	9,499,933
15~64세	36,372,084
0~14세	5,686,017

다음 자료의 적절한 제목을 달아 봅시다.

(1)

〈그림 1〉 ______________________

(2)

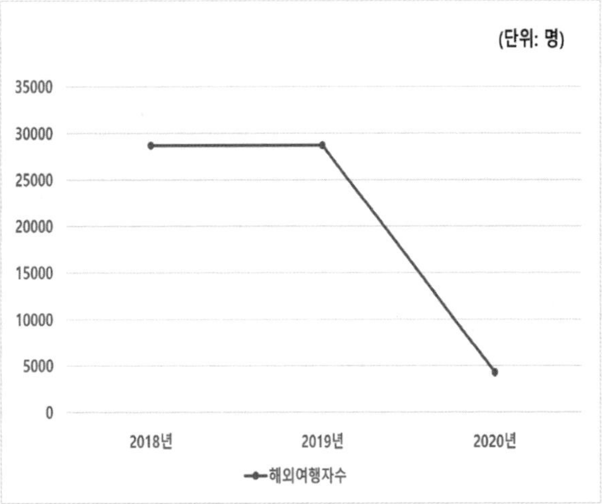

〈그림 2〉 ______________________

(3) 〈표 3〉 ______________________

	선발인원	접수 인원	경쟁률
A사	125	12,654	101.2:1
B사	20	505	25.3:1
C사	8	339	42.4:1

2 자료 분석하기

그림이나 표를 해석할 때 자주 사용하는 표현

- 응답자, 성별, 세대별, 국적별, 성인 남녀
- 〈그림 1〉에서 알 수 있듯이, 〈표 2〉를 살펴보면
- ~다고 응답했다.
- ~을/를 ~(으)로 꼽다.
- ~(으)ㄴ/는/인 것으로 나타났다.
- (급격히/점차/크게) 증가하였다, (대폭/소폭) 감소하였다.
- ~에 달하다, ~을/를 차지하다, ~에 그치다.
- ~을/를 통해서 ~다는 것을 알 수 있(었)다.
- ~을/를 대상으로 ~에 대해 (설문) 조사하였다.

자료 분석 방법

- 자료의 내용만 다룸.
- 자료의 수치를 나열하기보다 해석하여 기술함.
- 단위를 정확하게 알고 있어야 함.

예시

본고에서는 2023년 5월 현재 수도권에 거주하는 20~30대 남녀 직장인 500명을 대상으로 여가생활에 대해 설문 조사하였다. 여가생활을 즐기고 있는지 질문하였는데 이에 대한 응답은 〈그림 1〉과 같다.

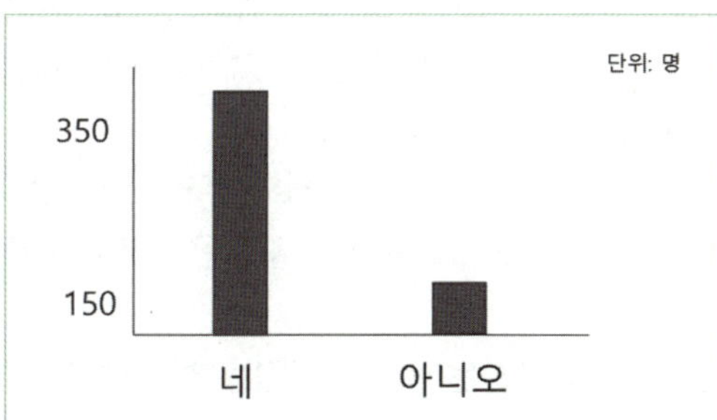

〈그림 1〉 여가생활 유무

〈그림 1〉에서 알 수 있듯이, 350명의 직장인이 여가생활을 즐기고 있다고 응답한 데 비해, 150명의 직장인은 여가생활을 즐기고 있지 않다고 응답하였다. 따라서 여가생활을 즐기고 있지 않다고 응답한 사람보다 2배 이상 사람들이 여가생활을 즐기고 있는 것으로 나타났다. 여가생활을 즐기고 있지 않다고 응답한 사람들에게 이유도 함께 조사했는데 그 결과는 〈표 1〉과 같다.

〈표 1〉 여가생활을 즐기지 못하는 이유

질문) 여가생활을 즐기지 못하는 이유는 무엇인가?	
1. 시간적 여유가 없어서	72%
2. 금전적 여유가 없어서	16%
3. 퇴근 후 집에서 쉬고 싶어서	7%
4. 기타	5%

〈표 1〉을 살펴보면, 첫 번째로 응답자의 72%가 여가생활을 즐길 시간적 여유가 없다고 응답하였다. 두 번째로 16%의 응답자가 금전적 여유가 없다고 응답하였다. 그 이유로는 여가생활을 즐기기 위해서는 최소한의 비용을 지출해야 하는데, 이 부분에 부담을 느꼈기 때문인 것으로 보인다. 세 번째로 퇴근 후 집에서 쉬고 싶어서라고 응답한 사람이 7%에 달했는데, 직장에서의 과도한 업무로 인해 여가생활을 즐길 심리적인 여유가 없었던 것으로 판단된다. 이 외에 특별히 여가생활의 필요성을 느끼지 못해서, 어떤 여가 활동을 해야 할지 몰라서 등의 기타의견이 있었다.

다음 일본 유학생의 보고서 본론의 일부를 읽고 질문에 답해 봅시다.

바쁜 현대인이 늘어남에 따라 배달 음식에 대한 수요가 많아지고 있다. 이에 건국 리서치에서는 20세 이상 성인 남녀 300명을 대상으로 배달 음식에 관해 설문조사를 하였다.

설문조사의 결과를 살펴보면 첫째, 응답자의 57%가 배달 음식을 시켜 먹는 이유에 대해 '편리하기 때문'이라고 대답했다. 다음으로 33%의 사람이 '밥을 할 시간이 없어서'라고 응답하였으며, 10%의 사람이 '특별한 음식을 먹고 싶어서'라고 응답하였다.

둘째, 배달 음식을 얼마나 자주 주문하는지에 대해 일주일에 한 번이라고 응답한 사람이 70%로 제일 많았다. 그리고 일주일에 2~3번이라고 응답한 사람은 23%, 일주일에 4번 이상이라고 응답한 사람은 7%로 나타났다.

셋째, 어떤 종류의 음식을 자주 주문하는지 질문하였는데 69%의 사람이 치킨이라고 응답하였다. 이를 통해 사람들이 제일 좋아하는 음식이 치킨이라는 것을 알 수 있었다. 다음으로 중국 음식과 분식이 각각 11%, 10%로 비슷하게 조사되었다. 네 번째로 5%의 사람이 회나 초밥 등의 일본 음식을 자주 시킨다고 응답하였다. 기타에는 갈비, 찌개 등이 있었다.

위 설문조사의 결과를 통해서 많은 현대인이 배달 음식을 자주 시키는 것을 알 수 있었으며 선호하는 음식이 무엇인지도 알 수 있었다. 전문가들은 "바쁜 생활 속에 배달이 시간 절약을 하는 긍정적인 도움을 주기는 하지만 건강을 위해서는 너무 빈번하게 배달 음식을 시켜 먹는 것을 지양해야 한다."라고 조언한다.

미디어커뮤니케이션학과 히라사와미나기

(1) 설문조사 문항을 구성해 봅시다.

설문 주제	
질문 1)	
질문 2)	
질문 3)	

(2) 질문 1)의 응답을 독자가 한눈에 알아볼 수 있게 표로 작성했습니다. 다음 표를 완성한 후, 표 제목도 달아 봅시다.

〈표 1〉 ______________________

순위	이유	비율
1		57%
2	밥을 할 시간이 없어서	
3		

(3) 질문 2)에 대한 응답을 원그래프로 그린 후, 그림 제목도 달아 봅시다.

〈그림 1〉 ______________________

(4) 질문 3)에 대한 응답을 막대그래프로 그린 후, 그림 제목도 달아 봅시다.

〈그림 2〉 ______________________

다음 그래프를 보고 질문에 답해 봅시다.

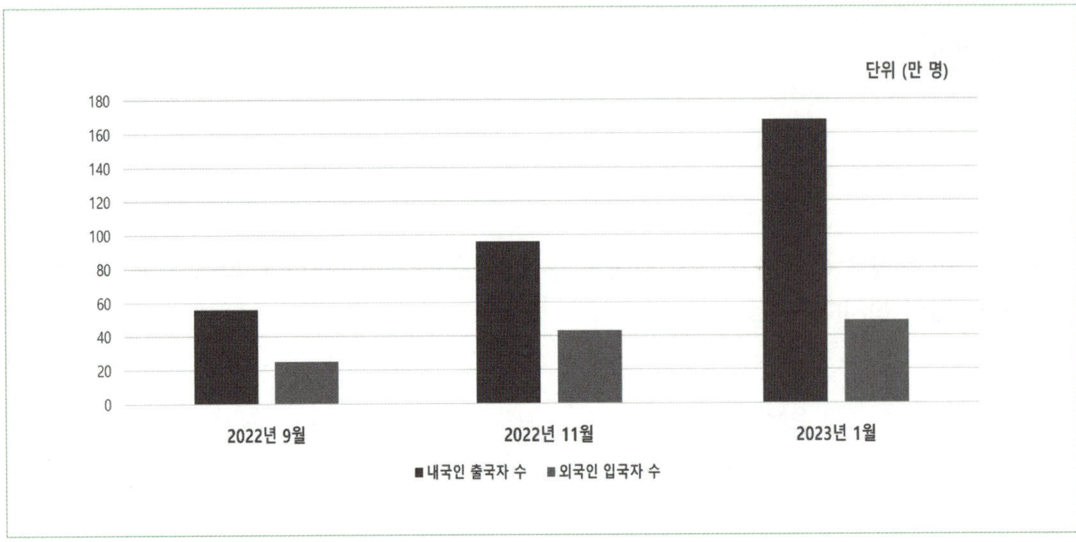

(1) 그래프의 제목을 달아 봅시다.

〈그림 1〉 ______________________

(2) 그래프를 보고서의 자료로 넣었습니다. 그래프를 설명해 봅시다.

〈그림 1〉에서 알 수 있듯이,

다음 중국 유학생의 보고서 본론에 있는 표를 보고 질문에 답해 봅시다.

한국어로 글을 쓸 때 가장 어려운 점은 무엇인가?	순위	명	비율(%)
한국어 맞춤법 실수	1	13	30.2
글의 주제 내용과 관련된 어휘	2	11	25.6
글의 순서 구성 방법	3	7	16.3
글의 주제 내용과 관련된 문법	3	7	16.3
시간 부족	5	4	9.3
기타	6	1	2.3
합계	–	43	100

(1) 표의 제목을 달아 봅시다.

〈표 1〉 ____________________

(2) 표를 보고서의 자료로 넣었습니다. 표를 설명해 봅시다.

건국대학교에 재학 중인 중국 유학생을 대상으로 한국어로 글을 쓸 때 가장 어려운 점에 대해 조사한 결과,

____

____

____

____

자 기 평 가

- 그림이나 표에 적절한 제목이 있습니까?
- 그래프의 종류가 적절히 선택되었습니까?
- 표에 지나치게 많은 내용이 담겨 있지는 않습니까?

11과

결론 쓰기

학습 목표

1. 결론 작성 방법에 따라 보고서 결론을 작성할 수 있다.
2. 참고문헌 작성 방법에 따라 참고문헌을 작성할 수 있다.

준비하기

1 '대화의 지혜와 기법'이라는 교양 수업을 수강하며 "수업 시간에 배운 내용을 바탕으로 남성과 여성의 대화 차이를 구체적인 예시를 중심으로 설명하고 평가"해 보는 보고서를 작성해야 합니다. 보고서를 어떻게 마무리하면 좋을지 이야기해 봅시다.

문법적 차이	어휘적 차이
• 서술문 선호도 남성 > 여성 • 남성 '-습니다', 여성 '-어요' • 미완성형 문장 사용 남성 < 여성	• 감탄사 사용 남성 < 여성 • 여성 양성모음 교체 (요것, 고것, 조것) • 공감 표현 남성 < 여성 (어머나, 정말?)
음성적 차이	**화용적 차이**
• 남 주파수 120Hz < 여 주파수 220Hz • 상승어조 사용 남성 < 여성 • 경음 사용 남성 < 여성 (쪼금, 따른)	• 남성 힘, 여성 친화력 • 부가의문문 남성 < 여성 (그렇죠?) • 모호한 표현 남성 < 여성 (글쎄)
대화관 차이	**대화 목적 차이**
• 남성 독립, 여성 유대관계 • 남성 상하관계, 여성 대등 관계	• 남성 해결, 여성 공감 • 남성 정보성, 여성 친교성

2 참고문헌 작성의 필요성에 관해 말해 봅시다.

1 결론 작성하기

결론(結論, conclusion) 구성 방법

요약 + 정리

결론의 특징

- 결론은 과거 시제를 사용
  예) 지금까지 중국인 유학생에게 가장 효과적인 한국어 어휘 교육 방법을 **살펴보았다.**

⊙ **주제 제시와 본론 요약**

- 보고서 전체 주제가 분명하게 나타나야 한다.
- 보고서 전체 내용을 요약한다.
- 요약 시 표현까지 그대로 쓰기 보다는 비슷한 표현으로 바꿔 쓴다.

⊙ **정리와 제언**

- 앞으로의 계획이나 발전 방향을 간단히 제시한다.
- 중요한 내용을 마지막으로 강조한다.

결론 작성 시 주의사항

- 서론, 본론과 통일성을 가져야 함. 따라서 결론에서 갑자기 앞에서 언급되지 않은 새로운 내용이 나와서는 안 됨.

결론에서 자주 쓰는 표현

- **주제 제시와 본론 요약**

본 보고서에서는 본고에서는 이 보고서에서는 지금까지	(주제) 을/를	검토하였다. 논의하였다. 분석하였다. 살펴보았다. 알아보았다.
본 보고서를 본고를 본고의 논의를 이 보고서를	요약하면 정리하면 종합하면	다음과 같다.

- **제언**

~기 위해	요구된다. 요청된다. 이루어져야 한다. 제안한다. 필요하다.

예시

지금까지 중국인 유학생의 한국 대학 강의 수강의 여러 문제점과 구체적인 해결방안을 살펴보았다. 앞서 논의한 내용을 정리하면, 중국인 유학생의 성공적인 한국 대학 생활을 위해서는 유학생과 교수진 모두 함께 노력해야 한다. 먼저 유학생은 한국 대학에서 수학하는 만큼 자신의 한국어 실력 향상을 위해 노력해야 한다. 그리고 수업 전 예습과 수업 후 복습을 철저히 하는 게 가장 중요하다. 특히 오늘날은 해당 교과목 내용 관련 중국어판 교재도 많이 있기에, 중국어판 교재로 먼저 이해한 후 한국어로 공부하는 등의 노력을 할 수도 있다.

교수진은 각 학습 단원 수업 진행 시 전체 구조와 핵심 내용을 먼저 명확하게 설명하며, 시청각 자료를 최대한 활용해 간결하면서도 쉽게 설명하는 노력이 필요하다. 그리고 교수와 유학생 간 수업 시간 중 상호작용이 활발히 이루어질 수 있는 분위기 조성이 중요하다고 생각한다. **주제 제시와 요약**

중국인 유학생의 성공적인 한국 대학 생활을 위해서는 무엇보다 유학생은 한국어 실력 향상을 통해 대학 생활에 잘 적응할 수 있도록 끊임없이 노력해야 하며, 교수진은 중국인 유학생에게 좀 더 나은 학습 환경을 제공해 유학생이 한국 유학을 통해 많은 수확을 얻을 수 있도록 힘써야 한다.

정리(강조)

문화콘텐츠학과 진상예

✎ 다음 보고서의 결론을 읽고 요약과 제언을 표시해 봅시다.

지금까지 중국과 한국의 설날에 대해 비교 분석해 보았다. 설날은 중국과 한국 두 나라 모두 음력 1월 1일로, 온 가족이 모여 식사하는 가장 큰 전통 명절이다. 하지만 설날 의상, 음식, 놀이 등에서 차이가 있음을 알 수 있었다. 본고의 논의를 요약하면 다음과 같다.

첫째, 중국에서는 설날에 입는 특별한 전통 의상은 없고 새 옷을 입는 데 반해 한국에서는 전통적으로 설날에 한복을 입었다.

둘째, 중국에서는 남북 간 지역에 따라 먹는 음식이 다르지만, 설날 대표 음식은 만두라고 할 수 있다. 한국에서는 새해 첫날 아침에 가족이 모두 모여 떡국을 먹는다.

셋째, 중국에서는 새해를 맞이하며 나쁜 일을 물리치고 새해의 길조를 기원하는 풍습으로 폭죽을 터뜨리는 데 비해, 한국에서는 가족이 모여 윷놀이나 연날리기 같은 전통 놀이를 즐겨 왔다.

중국과 한국 모두 설날은 가족이 모두 모여서 소중한 시간을 함께 보내며, 새해를 맞이하며 희망과 기대를 나누는 자리이다. 설날은 각자의 역사와 문화적 배경에 따라 오래도록 이어온 전통 명절이기에 앞으로도 그 전통을 계속 이어 갈 것으로 기대한다.

다음 일본 유학생의 보고서 결론을 읽고 질문에 답해 봅시다.

본고에서는 일본과 한국 대표 항공사의 안전 비디오를 비교 분석하였다. 본고의 논의를 정리하면 다음과 같다. 일본과 한국의 항공사 안전 비디오는 크게 문화나 예능을 다루는 항공사와 안전성에 중시하는 항공사로 나눌 수 있다. A항공과 C항공은 문화를, B항공과 D항공은 안전성을 중시함을 알 수 있었다. 특히 A항공의 안전 비디오는 개성 있는 가부키 배우가 등장해 안전 사항을 전달해 우리나라의 전통 예능을 재미있게 볼 수 있다. 그리고 C항공은 뮤직비디오 형태로 제작되어 가수가 노래하면서 안전 사항을 설명해 노래가 차지하는 비중이 높고 안전 사항을 설명하는 시간이 절반에 불과해 안전 수칙 전달력이 떨어진다는 반응도 있었다. 또 B항공과 D항공은 안전성에 집중한 지루한 안전 비디오로 인해 탑승객이 끝까지 시청하지 않을 가능성이 크다. 양국의 항공사 안전 비디오에 관해 〈표 1〉과 같이 정리해 볼 수 있다.

추후 안전 비디오 제작에 있어 자막이 지나가는 속도가 지나치게 빨라 청각 장애인이 불편함을 느끼는 일이 없도록 영상 안에 수화도 함께 넣는 방법을 고려해 봐야 한다. 앞으로 안전 비디오 산업은 다른 항공사와의 차별화 전략으로 더욱 치열해질 것이다. 항공사 안전 비디오는 우선 탑승객의 관심을 끌어 내용을 잘 전달해야 한다. 만약에 있을지도 모르는 사고에 대비해 소중한 목숨을 하나라도 더 살리는 방향으로 안전 비디오가 더욱 잘 만들어지기를 바란다.

미디어커뮤니케이션학과 도베사야카

(1) 보고서의 주제를 써 봅시다.

(2) 〈표 1〉을 완성한 후, 표 제목도 달아 봅시다.

〈표 1〉 ______

	등장인물	특징
A항공	가부키 배우	일본 전통 예능
B항공	애니메이션	
C항공		노래하면서 안전 사항 설명함.
D항공	사람	

(3) 제언에 해당하는 부분을 찾아봅시다.

다음 결론의 일부를 읽고 질문에 답해 봅시다.

지금까지 중국의 4년제 대학 한국어학과 1학년과 2학년 한국어 회화 수업을 담당하고 있는 교수와 한국어 회화 수업을 수강하고 있는 1학년과 2학년 학생의 한국어 회화 교수-학습 방법에 대한 선호도에 대해서 구체적으로 살펴보았다. 이상 한국어 회화 교수-학습 방법에 대한 선호도를 정리하면 다음과 같다.

첫째, 교수와 학생 모두 3~5명 정도의 소그룹 활동에 대한 선호도가 가장 높음을 알 수 있었다. 이러한 결과를 바탕으로 앞으로 3~5명 정도의 소그룹 활동과 짝 활동에 대한 더욱 다양한 수업 유형을 개발할 필요가 있다.

둘째, 선호하는 학습 유형에 있어 교수와 학생 모두 실제 경험하면서 대화하는 것을 제일 선호하는 것으로 보아 이러한 것을 충분하게 반영한 한국어 회화 교재를 편찬하여야 할 것이다. 또 능숙하고 정확하게 말할 수 있도록 3~5명 정도의 소그룹 형태의 말하기 활동을 많이 개발함과 동시에 한국어 문법과 어휘 연습문제를 통해 다양하게 연습하는 방안도 고려해야 한다.

셋째, 말하기 오류 수정에 있어 많은 학생이 즉시 모든 학생 앞에서 피드백 받기를 원하고 있음을 알 수 있었는데, 이 방법은 다른 학생에게도 도움이 될 수 있기에 바람직하다고 본다.

(중략)

본고는 중국의 4년제 대학 한국어학과 1학년과 2학년 한국어 회화 수업을 담당하고 있는 교수 20명과 한국어 회화 수업을 수강하고 있는 1학년과 2학년 학생 139명을 대상으로 설문조사를 실시하였기에 일반화하기에는 한계를 가지고 있다. 앞으로 학습자의 요구에 입각한 한국어 회화 수업과 교재 개발이 꾸준히 이루어져야 할 것이다. 무엇보다 본고가 학습자 중심 한국어 회화 교수-학습을 위한 기초 자료가 되었으면 한다.

(1) 글의 주제를 써 봅시다.

(2) 글의 결론에 나타나 있는 것에 V 표시해 봅시다. 그리고 해당 부분의 첫 두 어절과 마지막 두 어절을 써 봅시다.

요약	V	이상 한국어 ~ 바람직하다고 본다.
과제		
의의		
전망		
제언		
주제		
한계		

중국 유학생이 한 필기를 참고해서 "수업 시간에 배운 내용을 바탕으로 남성과 여성의 대화 차이를 구체적인 예시를 중심으로 설명하고 평가"해 보는 보고서의 결론을 써 봅시다.

문법적 차이 • 서술문 선호도 남성 > 여성 • 남성 '-습니다', 여성 '-어요' • 미완성형 문장 사용 남성 < 여성	**어휘적 차이** • 감탄사 사용 남성 < 여성 • 여성 양성모음 교체 (요것, 고것, 조것) • 공감 표현 남성 < 여성 (어머나, 정말?)
음성적 차이 • 남 주파수 120Hz < 여 주파수 220Hz • 상승어조 사용 남성 < 여성 • 경음 사용 남성 < 여성 (쪼금, 따른)	**화용적 차이** • 남성 힘, 여성 친화력 • 부가의문문 남성 < 여성 (그렇죠?) • 모호한 표현 남성 < 여성 (글쎄)
대화관 차이 • 남성 독립, 여성 유대관계 • 남성 상하관계, 여성 대등 관계	**대화 목적 차이** • 남성 해결, 여성 공감 • 남성 정보성, 여성 친교성

전체 내용을 요약 정리한 보고서 결론을 써 봅시다.

2 참고문헌 작성하기

✎ 다음은 유학생이 쓴 보고서의 참고문헌입니다. 잘못된 부분을 찾아 올바르게 고쳐 봅시다.

(1)

양택규, 『경복궁에 대해 알아야 할 모든 것』, 책과 함께, 2007. 10. 27.
질 베갱·도미니크 모렐, 『자금성』, 시공사, 김주경 역, 2001. 10. 20.

↓

(2)

김필수·김병현, 「젓가락 이야기」, 한진 도서출판, 2017.
위준영·도규만·김도성, 「한·중·일 젓가락 길이는 왜 다를까?」, 「한겨레」, 2022.08.22.
이어령, 「너 누구니: 한국인 이야기 – 젓가락의 문화유전자」, 파람북 출판사, 2022.

↓

(3)

김명희, [돌잔치], 보람출판사, 2010, 36쪽.
선자은, [돌잔치하는 날], 미래아이출판사, 2019, 32쪽.
최배영·최경희·이경란, [조선시대 첫돌의례문화: 선조들의 첫돌 이야기], 이담출판사, 2016, 140쪽.

↓

(4)

김미라, 「여고생들의 다이어트 행동과 신체건강실태에 관한 연구: 월경 및 소화기건강을 중심으로」, 학위논문(석사), 숙명여자대학교, 2012.
김솔아 · 심은경, 「20대 남녀 대학생의 다이어트 지식, 태도 및 동기가 식습관에 미치는 영향」, 한국피부과학연구원, 『아시안뷰티화장품학술지』 16–1, 2018.
박주하 · 전재훈, 「패션 유튜브에 표현된 외모지상주의에 대한 연구: 영상 및 댓글 분석을 중심으로」, 한국패션디자인학회, 『한국패션디자인학회지』 20–1, 2020.

↓

(5)

『우리들의 MBTI 4: 학습유형』, 조수연, 다산어린이, 2023.
『심리분석과 MBTI』, 이승민, 부크크(Bookk), 2023.
『MBTI의 의미』, 박철용, 하움출판사, 2020.

↓

참고문헌 작성 방법에 따라 보고서의 참고문헌을 정리해 봅시다.

자 기 평 가

- 결론에서 보고서 전체 내용을 적절하게 요약정리하였습니까?
- 주제와 관련 없는 새로운 주장이나 화제가 결론에 제시되고 있지는 않습니까?
- 참고문헌을 작성 방법에 따라 잘 정리하였습니까?

12과

고쳐쓰기

학습 목표

1. 보고서를 스스로 고쳐 쓸 수 있다.
2. 다른 사람의 보고서를 수정할 수 있다.

준비하기

1 보고서를 쓸 때 가장 중요한 단계는 어느 단계라고 생각합니까? 그 이유도 말해 봅시다.

주제 설정	자료 수집	자료 선택	개요 작성	집필하기	퇴고하기

2 고쳐쓰기를 할 때 어느 부분을 우선 고려합니까? 그 이유도 이야기해 봅시다.

글　　단락　　문장　　어휘

1 초고 점검하기

고쳐쓰기의 필요성

- 한 번의 글쓰기로 글을 완벽하게 완성할 수 없다.
- 자신의 글을 객관적으로 읽어볼 수 있는 기회를 가진다.

고쳐쓰기 시 고려사항

글	• 보고서의 내용이 보고서를 쓴 목적에 충실한지 살펴본다. • 보고서 전체가 하나의 주제로 통일되었는지 살펴본다. • 제목과 소제목이 적절한지 살펴본다. • 각 단락의 중심 생각이 소주제문으로 명확하게 표현되었는지 살펴본다. • 보고서 전체 구성이 체계적인지 살펴본다. • 단락과 단락의 연결 관계가 자연스러운지 살펴본다.
단락	• 한 단락에 하나의 중심 생각만 있는지 살펴본다. • 문장과 문장이 자연스럽게 연결되었는지 살펴본다. • 단락의 길이가 3~6문장 정도로 적절한지 살펴본다.
문장	• 문어체로 썼는지 확인한다. • 조사가 자연스러운지 확인한다. • 주어와 서술어의 호응이 맞는지 확인한다. • 4줄 이상의 긴 문장은 없는지 확인한다.
어휘와 문법, 맞춤법	• 문법이 틀린 것은 없는지 확인한다. • 어휘와 표현이 틀린 것은 없는지 확인한다. • 맞춤법과 띄어쓰기, 문장 부호가 맞는지 확인한다.

고쳐쓰기 방법

⊙ 덧붙이기

- 근거가 부족하면 뒷받침하는 문장을 추가한다.
- 단락의 소주제문이 명확하게 앞에 드러나도록 소주제문을 추가한다.

⊙ 생략하기

- 불필요한 수식 부분은 삭제한다.
- 앞에 쓴 내용과 중복된 내용은 삭제한다.
- 주제를 벗어나는 단락이나 문장을 삭제한다.

⊙ 교체하기

- 적절한 어휘나 표현으로 교체한다.
- 주제가 명확해지도록 문장을 바꾼다.

⊙ 문장 이동하기

- 논리적 흐름이 올바른지 확인한다.
- 구조적인 순서가 맞는지 확인한다.

✎ 한국어 높임법에 관해 쓴 인도네시아 유학생의 보고서를 올바르게 고쳐 봅시다.

1) 보고서 전체 구성을 생각하면서 목차를 수정해 봅시다.

목차		목차

1. 서론
2. 본론
  2.1. 높임법의 개념
  2.2. 높임법의 종류
3. 주체높임법
  3.1. 직접 높임
  3.2. 간접 높임
4. 객체높임법
5. 상대높임법
6. 결론
7. 참고문헌
	⇨	1. 서론

2) 다음 보고서 본론의 일부를 읽고 질문에 답해 봅시다.

2.1. 높임법의 개념

높임법이란 말을 할 때 화자가 청자나 문장의 주체, 객체의 나이, 직업, 지위 등에 따라 높임을 달리 표현하는 것을 말한다. 어떤 대상을 높이느냐에 따라 주체높임법, 객체높임법, 상대높임법으로 나뉜다. 한국어의 특징 중 하나인 높임법은 말을 할 때 지위의 높고 낮음을 나타낸다. 먼저 주체높임법은 문장의 주어를 높이는 방법으로 화자보다 서술어가 나타내는 행위의 주체가 윗사람일 때 사용한다. 저 주체높임법은 직접 높임과 간접 높임으로 나뉜다. 다음으로 객체높임법은 화자가 서술어의 객체, 즉 문장의 목적어나 부사어를 높이는 것입니다. 다른 높임법과 달리 부사격조사 '-께'와 특수어휘 '여쭈다, 드리다, 모시다, 뵙다'에서만 실현되는 특징이 있어요. 마지막으로 상대높임법은 화자와 청자의 관계에 따른 높임 표현으로 문장의 종결에서 높임이 나타난다.

(1) 단락의 소주제문을 찾아 첫 두 어절과 마지막 두 어절을 써 봅시다.

(2) 구어체로 잘못 쓴 부분을 찾아 문어체로 올바르게 고쳐 봅시다.

구어체		문어체
저	⇨	이

(3) 불필요한 문장을 하나 찾아 삭제해 봅시다.

(4) 중복되는 부분이 없게 올바른 문어체로 다시 써 봅시다.

2.1. 높임법의 개념

높임법이란

3) 다음 보고서 결론을 읽고 질문에 답해 봅시다.

6. 결론

지금까지 한국어의높임법에 대해 살펴보았다. 한국 대학에서 국어국문학을 전공하고 있는 필자는 한국어 문법에 관심이 많다. 특히 한국어의 특징 중 하나인 높임법에 관심이 많은데, ① 언어교육원에서 처음 존대말을 배우고 시험을 봤을 때 나쁜 점수가 나왔기 때문이다. 한국는 예의를 중시하고 윗사람을 공경하는 문화가 발달한 만큼 이를 반영한 높임법이 중요하다. 이에 본고에서는 한국어의 높임법 체계에 대해 구체적으로 살펴본 후, ② 한국어를 공부하는 인도네시아인 학습자가 어려워하는 부분이 교육해야 하는 높임법은 어느 부분인지 기술해 보고자 했다. 한국어 높임법을 연구하며 높임법의 어려움을 다시 한번 깨달았지만, 본 연구를 통해 한국어를 조금 더 알수있는 기회가 되었다.

(1) 틀린 부분을 찾아 올바르게 고쳐 봅시다.

• 띄어쓰기

틀린 부분		고친 부분
한국어의높임법	⇨	한국어의∨높임법

• 맞춤법

틀린 부분		고친 부분
	⇨	

(2) 밑줄 친 부분을 올바르게 고쳐 봅시다.

①

②

2 합평하기

합평 방법

1단계	3~4명이 모둠을 구성한다. 학우들의 보고서를 서로 읽어본다.

↓

2단계	학우의 보고서에서 수정할 부분을 이야기해 본다. (글 → 단락 → 문장 → 어휘와 문법) 학우들의 피드백을 메모한다.

↓

3단계	학우들의 피드백을 참고하여 보고서를 수정한다.

↓

4단계	수정한 보고서를 교수님께 제출한 후 최종 피드백을 받는다.

합평

- 여러 사람이 모여 글에 대해 의견을 주고받는 것.

모둠별로 학우의 보고서를 읽어본 후에 수정해야 할 부분을 이야기해 봅시다.

(1) 다음 점검표를 기준으로 학우의 보고서를 읽어 봅시다.

글	• 보고서의 내용이 보고서를 쓴 목적에 충실합니까? • 보고서 전체가 하나의 주제로 통일되어 있습니까? • 제목과 소제목이 적절합니까? • 각 단락의 중심 생각이 소주제문에 명확하게 표현되었습니까? • 보고서 전체 구성이 체계적입니까? • 단락과 단락의 연결이 자연스럽습니까?
단락	• 한 단락에 두 개 이상의 중심 생각이 있지는 않습니까? • 문장과 문장이 자연스럽게 연결되었습니까? • 단락의 길이가 3~6문장 정도입니까?
문장	• 문어체가 아닌 문장은 없습니까? • 잘못 쓴 조사는 없습니까? • 주어와 서술어의 호응이 맞지 않는 문장은 없습니까? • 4줄 이상의 지나치게 긴 문장은 없습니까?
어휘와 문법, 맞춤법	• 문법이 틀린 것은 없습니까? • 어휘와 표현이 잘못된 것은 없습니까? • 맞춤법과 띄어쓰기, 문장 부호가 잘못된 것은 없습니까?

(2) 학우의 보고서에서 수정해야 할 부분을 정리해 봅시다.

보고서 제목	수정해야 할 부분	
	글	
	단락	
	문장	
	어휘와 문법, 맞춤법	
	글	
	단락	
	문장	
	어휘와 문법, 맞춤법	
	글	
	단락	
	문장	
	어휘와 문법, 맞춤법	

(3) 학우들의 피드백을 들으며 수정해야 할 부분을 정리해 봅시다.

글	• • •
단락	• • •
문장	• • •
어휘와 문법, 맞춤법	• • •

(4) 학우들의 피드백을 바탕으로 보고서를 수정 보완해 봅시다.

자 기 평 가

- 보고서는 전체적으로 통일성이 있습니까?
- 보고서의 내용이 독자가 이해하기 쉽습니까?
- 보고서의 문장이 간결하고 명료합니까?

부록

SANGHUH MEMORIAL LIBRARY

건국대학교 상허기념도서관 이용 안내

상허기념도서관	library.konkuk.ac.kr	
법학전문도서관	library.konkuk.ac.kr/law	
모바일 어플		
중원도서관	lib.kku.ac.kr	

사전준비

① 학생증 발급

- 실물 학생증 | 3월 초 소속 학과에서 일괄 배부
- 모바일 어플 | 플레이스토어/앱스토어 ▸ 건국대학교 도서관 검색 ▸ portal ID로 로그인

② 이용시간 확인

구분	학기중		방학		일요일 공휴일
	평일	토요일	평일	토요일	
자료실 (대출/반납)	09:00 ~ 21:00	09:00 ~ 13:30	09:00 ~ 17:30	09:00 ~ 13:30	휴무
3층 열람실	07:00 ~ 22:00				

※ 추석, 코로나19 등 특별한 경우 이용시간은 도서관 홈페이지 게시판 공지

대출/반납

① 대출 권수 및 기간

이용자	대출 권수	대출 기간	대출 기간 연장 (예약자가 없는 경우)
학부생	10권	30일	15일 (1회 한정)
대학원생	20권	30일	30일 (1회 한정)

※ 휴학생, 연구등록생 포함

② 도서 위치 검색

- 도서관 홈페이지 또는 모바일 어플에서 책 제목, 저자, ISBN(책 고유번호)으로 위치 확인

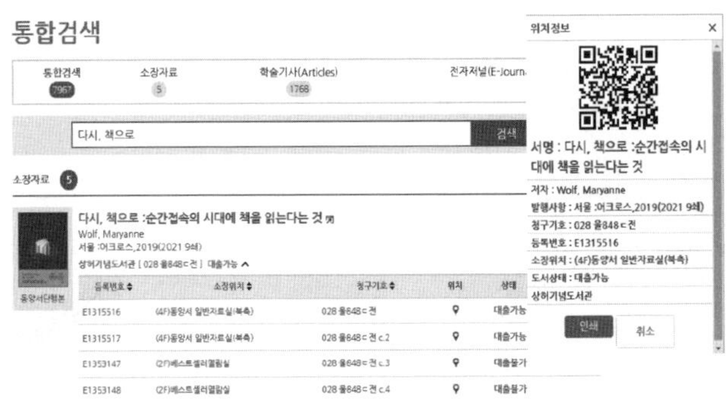

③ 대출 신청 ▸ 1층 대출실

※ **주의** | 반드시 본인 학생증을 사용하세요 !

④ 도서 반납

□ 도서관 1층 대출실　　□ 교내 도서반납함

도서반납함 위치	수거일 및 수거시간
상허기념도서관 1층 출입구	주중 20:00 (방학 16:00) 토요일 12:00
법학전문도서관 1층 출입구	
학생회관 1층 학생복지위원회 앞	월, 수, 금 14:00
상허연구관 1층 관리실	

※ 연체 시 대출 제한: 연체 책수 x 연체 일수
※ **주의** | 반납함 이용 시 꼭! 기한 이틀 전까지 넣어주세요! (연체 방지)

⑤ E-BOOK

구분	대출 권수·기간	이용방법(모바일)	계정
교보문고 YES24	5권 7일	어플리케이션 검색창에 '교보문고 전자도서관'또는 'YES24 전자도서관' 검색	본교 포털 아이디/비밀번호

※ 자세한 사항은 도서관 홈페이지 > 전자정보원 > E-Book > 이용안내 참고

⑥ 좋은 책 추천받기

1층	2층
신입생추천도서	스테디셀러실
이달의 작가 코너	베스트셀러실
금주의 책 코너	우수간행물 코너
KU명사 추천도서 코너 (준비중)	우수교양도서 코너 (준비중)
주목할만한 신간 코너	수의학 자료실
JOB LIBRARY (취업도서)	**4층**
창업정보센터 (창업도서)	상허자료실 (설립자 유석창 박사)
DIGITAL LIBRARY (AI, SW도서)	

잠깐! 쿠 가 알려주는 도서관 이용 꿀 Tip!

① 대출기간은 연장할 수 있어요!

□ 도서관 홈페이지/어플 ▸ my library ▸ my dashboard ▸ 대출 현황 ▸ 대출기간 연장

※ 단, 예약자 또는 도서 연체가 있을 경우에는 연장되지 않을 수 있어요!

② 대출예약(3권까지)을 할 수 있어요!

□ 도서관 홈페이지/어플 ▸ 도서 검색 ▸ 대출예약

③ 교과목 교재 또는 다른 이용자에게 추천할 책이 도서관에 없으면 구입 신청하세요!

□ 도서관 홈페이지 ▸ Using our library ▸ 희망도서 신청

※ 단, 홈페이지에서만 구입 신청이 돼요!

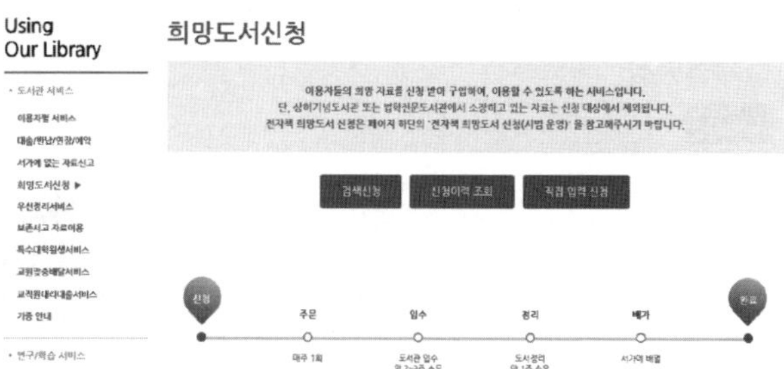

도서관에서 열공하기

<table>
<tr><td></td><td colspan="2">사전예약 필요</td><td colspan="5">사전예약 불필요</td></tr>
<tr><td></td><td colspan="6">본관(상허기념도서관)</td><td>분관
(법학전문도서관)</td></tr>
<tr><td>6F</td><td colspan="2">*일반열람실
(제5열람실/168석)</td><td colspan="4">K-CUBE(166석)</td><td></td></tr>
<tr><td>5F</td><td colspan="2">☆단체열람실(8석)</td><td colspan="2">노트북열람실
(36석)</td><td colspan="2">일반 열람 좌석
(243석)</td><td></td></tr>
<tr><td>4F</td><td colspan="2">☆단체열람실(총72석)</td><td colspan="4">일반 열람 좌석(160석)</td><td></td></tr>
<tr><td>3F</td><td colspan="2">*일반열람실
(제1~4열람실/1,566석)</td><td colspan="4"></td><td>정기간행물실
(40석)</td></tr>
<tr><td>2F</td><td colspan="2"></td><td colspan="2">특별주제실
(수의학, 32석)</td><td>복도
(114석)</td><td>스테디셀러실
(48석)</td><td>참고자료실
(56석)</td></tr>
<tr><td>1F</td><td>☆
인큐스페이스4
(7석)</td><td>☆
인큐스페이스5
(7석)</td><td>노트북
열람실
(46석)</td><td>Digital
Lounge
(96석)</td><td>창업정보
센터
(12석)</td><td>job
library
(28석)</td><td>단행본실(88석)</td></tr>
</table>

※ 모든 학생 이용 가능

① 열람실 예약 방법

* 열람실 | 도서관 모바일 어플 ▸ 열람실 좌석 배정 ▸ 열람실 선택

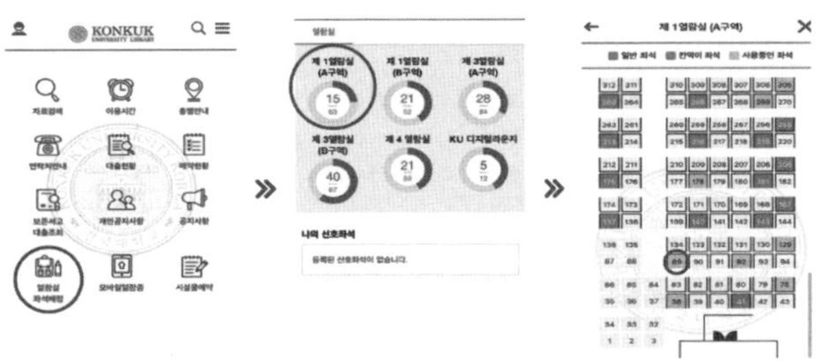

☆ 열람실 | ☐ 도서관 홈페이지 ▸ Library service ▸ 시설물예약 ▸ 예약하기 ▸ 각 층 사무실에서 KEY 수령 ▸ 사용 후 KEY 꼭! 반납

☐ 도서관 모바일 어플 ▸ 시설물 예약 ▸ 열람실 선택 후 예약하기

단체열람실

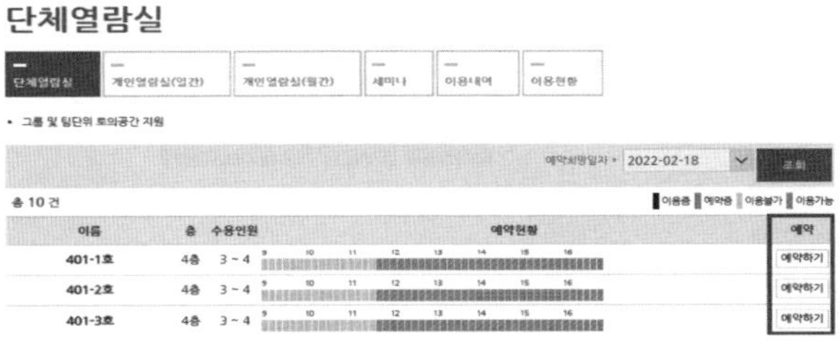

☐ 그 외 예약 불필요

② 팀플 / 취업스터디 공간

☐ LAN, 전원포트, 전자칠판, 화이트보드 비치

☐ 이용시간 | 09:00 ~ 17:30 (학기중 평일 기준)

위치	이름	좌석 수
1층	인큐스페이스 4	7석
	인큐스페이스 5	7석
4층	401-1호	10석
	401-2~3호	6석
	401-4호	9석
	401-11~12호	6석
	401-13호	10석
	407호(김용복 열람실)	15석
	410호(최요완 열람실)	16석
5층	505-7호	8석

주요 도서관 서비스

① 원문복사 서비스, 상호대차 서비스 ➤ 본교에 없는 자료 찾기

☐ 대상 | 교직원, 대학원생

☐ 협력도서관에 본교 미소장 자료 복사 의뢰

☐ 홈페이지 로그인 ▸ 연구/학습 서비스 ▸ 원문복사 ▸ 검색신청 ▸ 자료선택 ▸ 기타사항 입력 ▸ 신청

② 전자정보원 활용 ➤ 레포트를 쓰는데 필요한 전자저널 찾기

☐ 도서관 홈페이지 ▸ Search ▸ 전자정보원 ▸ 전자자료검색

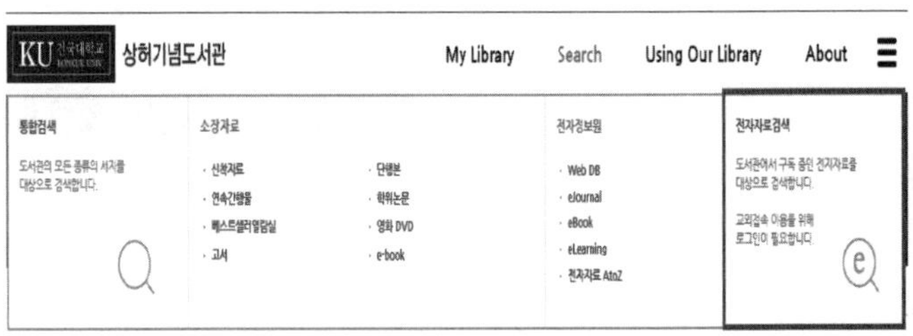

③ 학술정보교육 수강 ➤ 전자정보 이용방법 배우기

- 도서관 홈페이지 ▸ Library service ▸ 학술정보교육 ▸ 교육 별 신청

● 학술정보교육 내용

1 매 학기 초

- 신입생 대상 도서관 투어 및 도서관 이용방법 안내

2 전자정보원 이용방법

- 주제별 주요 전자정보원 활용법 (학부, 대학원생)

3 연구윤리교육

- 표절예방, Refworks 등 서지관리 시스템 이용교육

④ 국회자료, 국립 중앙도서관 열람 서비스

- **위치** | 1층 국회도서관 검색/영상/딸림자료 PC 6대
- 국회도서관 자료 중 협정기관 이용자 대상 자료 조회 가능

⑤ 맞춤 배달 서비스

- **대상** | 전임교원
- 각 대학(원) 행정실을 통한 도서 배달 및 반납 서비스
- 홈페이지 로그인 ▸ 자료 검색 ▸ 검색결과의 상세정보 ▸ ▸ 맞춤배달 신청 ▸ 도서 열람 후 행정실로 반납

⑥ 휴식 공간

위치	시설명	비고
지하 1층	학생식당	운영중지 (코로나 상황에 따라 달라질 수 있음)
2층	여자 휴게실	운영시간: 자료실 운영시간과 동일
3층 열람실 입구	편의점 CU	자료실에서는 3층 열람실 출입 불가
	카페테리아(레스티오)	운영시간 09:00 ~ 17:30
3층	신문열람실	동아일보, 한겨레신문 등 총 10종
4층	남자 휴게실	운영시간: 자료실 운영시간과 동일

⑦ 무선인터넷 서비스

- WIFI 리스트 중 'KONKUK' 선택 후 포탈(학사정보시스템) ID/PW 입력
- 문의 | IT콜센터 450-3887

⑧ 졸업생 이용

- 졸업생 도서관 출입증/대출증을 신청·발급받아 사용 가능

도서관 분관 법학전문도서관

위치	층별 안내	비고
법학전문대학원 1층	대출실, 단행본실, 정보검색실, 전자신문 DID	법학전문대학원 학생이 아니어도 이용, 열람, 대출 가능
2층	참고자료실	
3층	정기간행물실	

도서관 이용 시 이것만은 꼭 지켜주세요

1. 도서관 출입 시 반드시 본인의 학생증을 사용해 주세요.
2. 도서관 전체가 금연구역입니다.
3. 면학분위기를 해치는 행위는 하지 말아주세요.
4. 도서관 시설·도서는 공공자산입니다. 소중히 다뤄주세요.
5. 희망도서는 다른 이용자에게 추천할 좋은 책을 신청해주세요.

도서관 이용에 대해 더 궁금하다면?

문의사항	부서명	전화번호
대출, 반납	대출실	450-3872/3873
희망도서/전자정보원	정리/수서실	450-3853/3858
정기간행물, 상호대차, 원문복사	정기간행물실	450-3865/3866
열람실, 사물함	도서관 자치위원회	2049-6167 https://pf.kakao.com/_xcrRxid
동양서, 개인/단체열람실	단행본실	450-3874
서양서, 특수자료, 고서/귀중본, 학위논문	학위논문실	450-3867

나의 꿈, 유전생물학 연구

<table>
<tr><td>교과목명</td><td colspan="2">한국어 기초 글쓰기와 표현</td></tr>
<tr><td>담당교수</td><td colspan="2">박혜란 교수님</td></tr>
<tr><td>제출일</td><td colspan="2">2022년 12월 13일 (화)</td></tr>
<tr><td rowspan="3">제출자</td><td>학 과</td><td>생명과학특성학과</td></tr>
<tr><td>학 번</td><td>202213587</td></tr>
<tr><td>성 명</td><td>카사훈 데보라 다윗</td></tr>
</table>

목 차

1. 서론

모든 사람은 살면서 각자 꼭 이루고 싶은 꿈이 있다. 그 꿈에는 각자만의 가치관이 드러나고, 그것이 곧 삶의 이유가 된다. 필자도 마찬가지로 그런 꿈을 가지고 있다. 필자는 이 세상에 도움이 되고 싶다는 꿈을 가지고 있고 이를 위해 노력하고 있다. 다음 세대가 좀 더 나은 삶을 살 수 있도록 현재 일어나고 있는 문제를 조금이라도 해결하고 싶다. 필자의 꿈은 임신과 출산 관련해서 문제를 가지고 있는 여성에게 도움을 주는 것이다. 갑작스러운 몸의 변화로 인해 여성들은 임신 중에 여러 문제를 겪기도 한다. 이 문제는 여성과 태아 모두의 건강을 위협할 수 있어서 반드시 관심을 가지고 연구해야 한다.

2. 꿈을 가지게 된 계기

임신과 출산 문제에 관심을 가지게 된 계기는 학창 시절 어머니가 경험한 두 번의 유산 때문이다. 필자가 중학생 때 어머니가 유산을 하셨는데, 이 과정을 함께 보내며 의사의 꿈을 꾸게 되었다. 그 당시 어머니는 유산의 위험성 때문에 몇 주 동안 병원에 계셨고 유산 이후에는 정신적으로 큰 상실감을 겪으셨다. 유산은 특히 여성에게 신체적 · 정신적으로 큰 피해를 주며 어떤 이는 이 상처를 평생 안고 가기도 한다.

유엔(UN)의 연구에 따르면, 태아가 자궁에서 더 이상 생존할 수 없거나 자궁에서 이미 사망한 경우, 임신 당사자인 여성이 아이의 출생과 죽음을 함께 경험했을 때 당혹스러운 일련의 감정적 고통을 겪는다고 한다. 이 슬픔은 상실감을 바탕으로 하는데 이러한 경험을 이해하지 못하는 타인으로 인해 당사자는 매우 외로워질 수도 있다. 유산, 사산, 신생아 사망 후의 슬픔은 오직 여성만이 태아의 움직임을 느끼고, 초음파로 직접 관찰했기 때문에 여성에게 큰 박탈감과 상실감을 준다(Richard Horton, Udani Samrasekerea, 2016). 유산은 부모가 피하고 싶어 하는 가장 심각한 고통을 주는 것 중 하나이며, 지속적인 심리적, 사회적, 재정적 결과를 초래한다. 사산의 문제를 더욱 복잡하게 만드는 것은, 이러한 죽음 대부분이 예방 가능하다는 사실이다(Nuzum, D., Meaney, S., & O'Donoghue, K., 2018). 필자의 어머니 문제뿐만 아니라 학생으로서 필자가 읽었던 사례와 연구들은 이러한 문제를 해결하기 위해 열심히 노력할 수 있도록 하는 열정을 가져다주었다.

3. 유학을 결정한 배경

유엔의 연구가 보여주듯이, 임신과 출산 문제는 전 세계적으로 큰 문제다. 이에 따라 임신과 출산 문제를 국제적인 수준에서 공부하고 싶다는 꿈을 가지게 되었다. 유학생으로서 경험은 다른 사회와 연결할 수 있는 또 다른 기회라고 생각한다. 필자는 한국의 선진 의학과 이와 관련된 교육 시스템에 대해 알게 되면서 한국 유학에 관심을 가지게 되었다. 한국의 생물학은 의료 산업의 원칙, 방법, 도구 및 기술 응용의 개발에 과학적 돌파구와 기술 개입의 적용을 위한 학제적 접근법을 따른다. 한국은 다양한 과학 분야의 연구와 의학 기술이 발달하여 질병 치료에 대한 대처 능력과 의학 기술의 발전 가능성이 큰 나라이다. 한국은 에티오피아가 여전히 겪고 있는 과학기술의 여러 어려움을 극복했다고 생각한다. 따라서 필자는 한국 교육과 기술 시스템에 직접 참여하여 이를 경험하기 위해 한국 유학을 결정하게 되었다.

4. 관심 분야

사산과 그 원인을 찾는 연구 분야 중 태아의 사산 방지를 연구하는 유전생물학 연구가 필자의 관심사이다. 유전병리학에서 살펴보면 염색체 수나 신경계와 같은 구조의 변화, 미세 복제 및 삭제 등이 사산의 이유가 된다. 하지만 사산 연구에서 여전히 모성-태아 유전자형, 유전자-유전자, 유전자-환경 상호작용에 관한 유전학적 연구가 부족하다. 현재 생물학과 유전체 분석이 사산의 원인을 이해하는데 도움이 될 수 있어 이를 연구 중이다. 좀 더 세밀한 유전자 분석은 종종 사산의 정확한 유전적 원인을 식별할 수 있다. 또한 그 원인이 설명되지 않은 모든 경우의 사산에서 진단 순서의 중요성이 대두되고 있다(Louise Wilkins-Haug, 2020). 이에 필자는 유산과 사산의 문제를 줄이기 위해 사산의 원인과 이를 알아보기 위한 유전자 분석을 연구하고자 한다.

5. 결론

이상을 정리하면 다음과 같다. 우리 가족의 가장 어두운 순간이 필자에게 평생의 꿈을 갖게 하는 에너지를 주었다. 한국에서 생명과학을 공부하고 있는 지금의 기회는 필자가 계획하고 있는 일을 더 자신 있게 해준다. 많은 여성이 유산과 사산을 겪으며 큰 고통을 겪고 있다. 아직도 전 세계적으로 수많은 가족이 출산의 기쁨을 누리지 못하고 태아를 잃은 슬픔에 빠져 있다. 유산은 생물학적 기술의 도움으로 줄일 수 있는 예방이 가능한 일이다. 아직도 유전학적, 생물학적으로 밝혀져야 할 것들이 많지만, 지금까지의 연구들이 유산을 줄이는 것에 실제로 도움이 되고 있다.

필자는 선진 기술 사회에서 다른 나라에서 온 다양한 친구들과 공부하고 전 세계적인 네트워킹을 경험하고 싶어서 한국 유학을 결정했다. 부모와 태아가 건강하고 행복한 삶을 살 수 있도록 유산의 다양한 원인과 해결방안을 찾기 위해 앞으로 다양한 유전학 연구를 해나가는 것이 필자의 목표이자 꿈이다.

참고문헌

Louise Wilkins-Haug, Genetic innovations and our understanding of stillbirth, *Hum Genetics*, 2020.

Nuzum, D., Meaney, S., & O'Donoghue, K., The impact of stillbirth on bereaved parents, *A qualitative study*, 2018.

Richard Horton, Udani Samarasekera, Stillbirths ending an epidemic of grief, *Lancet*, 2016.

말레이시아의 다문화 언어 교육

<table>
<tr><td>교과목명</td><td colspan="2">한국어 기초 글쓰기와 표현 (1378)</td></tr>
<tr><td>담당교수</td><td colspan="2">최수진 교수님</td></tr>
<tr><td>제출일</td><td colspan="2">2022년 12월 14일 (수)</td></tr>
<tr><td rowspan="3">제출자</td><td>학 과</td><td>국제무역학과</td></tr>
<tr><td>학 번</td><td>202213535</td></tr>
<tr><td>성 명</td><td>우준쉬엔</td></tr>
</table>

목 차

1. 서론

“너 왜 이렇게 중국어 잘해?”, “너 영어도 잘해?” 한국에 살면서 자주 이런 질문을 받았다. 필자는 말레이시아에서 태어난 중국계 말레이시아 사람이다. 그래서 말레이시아에서 다문화 교육을 받았다. 필자는 평소 사람들이 말레이시아 사람들에게 갖는 궁금증에 대해 설명해 보고자 한다. 특히 말레이시아의 다문화 언어 교육에 대해 집중적으로 살펴보고자 한다. 박승우(2019)의 조사 결과에 따르면, 말레이시아 민족 비중은 부미푸트라(말레이인) 67.4%(1,750만 명), 중국인 24.6%(640만 명), 인도인 7.3%(190만 명), 기타 0.7%(18만 명) 순으로 나타났다.[1] 말레이인 이외 30% 이상의 국민이 다른 민족이기에, 말레이시아는 다문화 사회일 뿐만 아니라 다문화 국가로 불린다. 특히 전체 국민의 ¼이 중국인으로, 세계 여러 나라 중에서도 말레이시아는 전체 인구 중 중국인이 차지하는 비중이 가장 높은 나라 중 하나다. 일찍이 19세기 말부터 많은 중국인 노동자가 말레이시아로 이주해 왔다. 중국인 노동자는 주로 주석과 고무 산업 분야에 종사하게 되었고, 도시 지역에도 상업이나 용역에 종사하는 중국인이 점점 늘어났다. 인도인도 20세기 초 말레이시아 반도로 이주했다. 말레이시아는 이처럼 다민족이 거주할 수 있도록 중국어, 말레이어, 영어 교육을 실시하였다. 이에 필자는 말레이시아의 언어 교육이 어떻게 시행되고 있는지와 그 특징에 대해 논의해 보고자 한다.

2. 다문화 언어 교육

2.1. 언어 조기교육의 중요성

말레이시아에서는 세 민족이 효과적으로 의사소통을 할 수 있도록 삼어(三語) 교육을 실행하고 있다. 사람들은 자기 민족의 언어는 잘 알지만, 다른 언어는 쉽게 습득할 수 없기 때문에 조기 교육을 위한 영어 교육원이 많이 생겨나게 되었다. 따라서 어렸을 때부터 언어 습득을 위해 영어 교육원에 다니는 경우도 많다. 조기 교육을 받으면 어릴 때부터 글자를 읽고 쓸 수 있게 된다. 예를 들어, 재미있는 영어 학습 게임을 통해 기본적인 알파벳과 숫자 등 지식을 얻게 될 것이다. 또한 일찍부터 친구들과 함께 생활을 하면, 의사소통 능력과 더불어 사회성을 빨리 기를 수 있게 된다. 따라서 언어를 빨리 배우면 여러 가지 장점이 있다.

2.2. 말레이시아의 공용어

EBS 교육방송 프로그램 중 말레이시아의 유치원을 소개한 프로그램이 있다. 그 프로그램에서는 말레이시아의 공용어인 중국어, 말레이어, 영어를 함께 가르친다고 소개하였다. 말레이시아의 공용어가 세 가지 언어이지만, 언어에 따라 가르치는 과목이 다르다. 보통 수학과 과학은 영어로 가르치고, 경영, 역사, 지리는 중국어나 말레이어로 가르치는 경우가 많다.

1) 박승우, 『다문화 교육과 정책의 이해』, 영남대학교 출판부, 2019, 402-403쪽.

3. 학교에서의 언어 교육

3.1. 초등학교의 특징

말레이시아의 초등학교 언어 교육에 대해 구체적으로 살펴보면, 현재 공립 초등학교는 말레이어, 중국어, 타밀어 중 하나를 중심으로 사용한다. 이 세 초등학교의 교육 언어는 각기 다르지만, 모두 공통된 커리큘럼을 채택하고 말레이어와 영어를 초등학교의 필수 과목으로 삼고 있다. 현재 약 1,302개의 화중[2)]이 삼어 교육시스템으로 진행되고 있는데 대부분의 학생이 화중에 다니고 있다. 특히, 최근 중국의 급속한 발전으로 많은 말레이인 부모들이 화중에 보내는 것을 가장 많이 고려하고 있다. 필자는 화중의 저렴한 학비, 좋은 언어 교육 시스템이 최고의 초등학교를 만들었다고 생각한다. 반면 사립 초등학교에 진학하면 학비가 비싼 대신, 영어를 집중적으로 배울 수 있다.

3.2. 중고등학교의 특징

말레이시아의 중학교는 크게 국립 중고등학교, 중화 사립 중고등학교, 국제 학원(international school) 총 3개로 분류할 수 있다. 국립 중고등학교의 주요 언어는 말레이어와 영어다. 중국계 부모님은 보통 초등학교에 이어서 좋은 중국어 교육을 받게 하기 위해 중국어가 더 중시되는 중화 사립 중고등학교에 보낸다. 국제 학원은 모든 과목이 영어로 진행되기 때문에 유학을 목적으로 하는 학생들이 많이 다닌다.

고등학생이 되면 말레이시아 학생들은 인생에서 가장 중요한 시험인 SPM시험[3)]을 봐야 한다. SPM은 말레이어(국어, 역사, 지리, 경영)와 영어(수학, 과학)로 진행된다. 만약 다른 과목을 잘 보더라도 국어와 역사 과목에서 과락을 한다면 SPM시험에 떨어지게 된다. 반면 국가에서 공인된 시험은 아니지만 중화 사립 중고등학교의 학생들이 보는 주요 시험으로 UEC[4)]가 있다. 이 시험은 중국어(역사, 지리, 경영)와 영어(수학, 과학)로 진행된다.

4. 결론

지금까지 말레이시아의 다문화 언어 교육과 학교에서 언어가 어떻게 사용되는지에 대해서 살펴보았다. 조기 교육의 목적은 학생이 더 일찍 학교 시스템에 익숙해지기 위한 것이다. 또한 다양한 언어를 구사해야 하는 말레이시아 사람들이 언어를 학습이 아닌 습득하기 위해서는 조기 교육은 필수적이라고 할 수 있다. 다양한 언어를 사용하는 말레이시아의 중고등학교는 대학에 입학하기 위해 SPM시험이나 UEC시험을 보는데 이 시험은 말레이어와 영어, 중국어와 영어를 사용하여 시험을 진행한다. 이처럼 말레이시아는 여러 언어를 사용하기 때문에 이것이 교육 방식에도 영향을 미치는 것이다. 말레이시아에는 말레이인, 중국계 말레이인, 인도계 말레이인 등 다양한 민족이 함께 살고 있다. 그렇기 때문에 말레이시아는 다언어 사회가 될 수밖에 없고, 이것이 말레이인이 갖는 언어의 강점이라고 할 수 있다.

---

2) 화중은 중국어 초등학교를 의미한다.

3) SPM(Sijil Pelajaran Malaysia)은 말레이시아의 대학입시의 일종으로, 한국의 대학수학능력시험 격이라 할 수 있다. 그런데 이 시험은 대학 입학뿐만 아니라 취직에도 영향을 미치기 때문에 학생의 인생에서 아주 중요한 시험이라고 할 수 있다.

4) UEC는 말레이시아 중국학교 연합회에서 실시하는 시험으로, 말레이시아 국립대학을 제외한 대부분의 사립학교에서 인정하는 시험이다. 이 시험은 국제 표준화 기구(ISO) 인증을 획득하였으며 한국을 포함한 여러 나라에서 성적을 인정받을 수 있다.

참고문헌

라연정, 「석·박사 교직 입문 시 보수 혜택…우수 학생 유인 고심」, 『한국교육신문』, 2016. 7. 28.
박승우, 『다문화 교육과 정책의 이해』, 영남대학교 출판부, 2019.
박천응, 『다문화 교육의 탄생』, 국경없는마을, 2009.

EBS 다큐프라임 '아시아의 허브, 말레이시아', 2011. 4. 11.

4차 산업혁명 시대
논리적 글쓰기의 유효성

교과목명	한국어 기초 글쓰기와 표현 (1391)	
담당교수	최수진 교수님	
제출일	2023년 6월 21일 (수)	
제출자	학 과	미디어커뮤니케이션학과
	학 번	202213808
	성 명	세코구치모모카

목 차

1. 서론

논리적 글쓰기란 어떤 문제에 대해서 자기 생각을 타당성 있게 논리적으로 주장하는 글을 말한다. 대학생이라면 보고서를 비롯해, 어떤 이슈에 관한 기사 작성, 에세이 등 다양한 논리적 글쓰기를 해 보았을 것이다. 이러한 논리적 글쓰기에는 자신의 주장과 이 주장을 뒷받침해 주는 근거가 필요하다. 일반적으로 대학에서의 대표적인 논리적 글쓰기는 보고서라고 할 수 있는데, 보고서를 작성하기 위해 논문이나 책과 같은 신뢰할 수 있는 정보를 수집해서 작성한다.

그러나 인터넷 기술의 발달로 인해 이러한 인간의 논리적 글쓰기에 변화가 일어났다. 미국의 IT 학자인 니콜라스 카(2011)는 사람들이 인터넷을 잦은 빈도로 사용하면서 광범위한 정보 노출과 신속한 정보 노출에 익숙해졌기 때문에 긴 글을 읽기 위해 필요한 집중력의 결여가 일어나고 있다고 말한다.[1] 또한 아르바이트 전문 포털 '알바천국'이 2023년 3월에 대학생 544명을 대상으로 진행한 인공지능(AI) 관련 설문조사에 따르면 대학생 10명 중 4명이 챗GPT를 이용한다는 것을 알 수 있고,[2] 실제로 챗GPT를 이용한 과제 대필 사례도 생겨나고 있다.[3] 이러한 인터넷 환경과 인공지능의 등장으로 인해 사람들은 글을 읽지 않아도 되고, 글을 직접 쓰지 않아도 되는 시대가 되었다. 본고에서는 '4차 산업혁명 시대에도 여전히 논리적 글쓰기는 유효한가'라는 의문을 제기하며, 4차 산업혁명 시대에 글쓰기를 위협하는 사회적 배경과 논리적 글쓰기가 인간에게 미치는 영향에 대해서 논의해 보고자 한다.

2. 논리적 글쓰기에 변화를 가져온 사회적 배경

2.1. 인터넷 구조와 긴 글 외면

논리적 글쓰기에 변화를 가져온 사회적 배경은 인터넷 구조와 사람들의 긴 글 외면이다. 과학기술정보통신부가 2021년에 만 3세 이상을 대상으로 한 설문조사에 따르면 최근 1개월 이내 인터넷 이용률은 93%이며, 70대를 제외한 모든 연령대에서 90% 이상이 인터넷을 이용했다고 대답했다.[4] 이 결과가 시사하는 바는 고령층을 제외한 대부분이 인터넷을 일상적으로 사용하고 있다는 것이다. 인터넷의 가장 큰 특징은 자유로움이다. 인터넷은 시간적, 공간적, 언어적 지배를 받지 않기 때문에 누구나, 언제 어디서든 정보에 접근할 수 있고, 정보를 전달할 수 있다. 이러한 인터넷의 자유로움은 정보에 대한 접근성을 극대화했으며, 나이, 성별, 지위, 국적과 같은 인구통계학적 특성에 상관없이 많은 사람이 정보를 빠르고

---

1) 니콜라스 카, 『생각하지 않는 사람들』, 최지향 역, 청림, 2011.
2) 김대영, 「대학생 10명 중 4명이 쓴다…너도나도 챗GPT, 일상 속 용도는?」, 『매일경제』, 2023. 3. 20.
3) 이승연, 「"과제 냈더니 A+"…챗GPT '대필'에 국내 대학 무방비」, 『연합뉴스』, 2023. 2. 9.
4) 과학기술정보통신부 「2021년 인터넷 이용 실태 조사」로, 최근 1개월 이내 인터넷 이용 여부(인터넷 이용률)에 대한 설문조사이다.

쉽게 수집할 수 있게 되었다. 또한 기술의 발달로 인해 기존의 미디어인 전화, 라디오, 텔레비전, 신문 등을 통합해서 인간의 감각 체계를 복수 감각 지향[5]으로 변화시키는 멀티미디어가 생겨났다. 이 또한 인터넷 구조의 특징 중 하나라고 할 수 있다. 이러한 인간의 감각을 총동원하는 인터넷 구조는 기존의 단일 감각 지향이던 인간의 감각 체계를 다시 복수 감각 지향으로 복원시켰다. 예를 들어 유튜브나 인스타그램의 쇼츠나 릴스 기능은 사진, 그림, 동영상, 음악, 음성, 글 등 다양한 요소가 결합이 된 짧은 동영상이다. 이러한 콘텐츠를 시청할 때 우리는 시각과 청각을 동원하게 되는데, 이러한 멀티미디어의 등장 역시 더욱 쉬운 정보 수집을 가능하게 했다. 그러나 이러한 인터넷 구조는 인간의 정보 수집 환경에 좋은 영향만 가져온 것은 아니었다.

인터넷의 쉽고 신속한 정보 수집은 사람들이 긴 글을 외면하게 만든다. 글은 단수 감각 지향인 감각 체계를 요구하는 비교적 단순한 미디어다. 멀티미디어와 달리 시각적인 접근으로만 정보를 수집해야 한다. 따라서 쉽고 신속한 정보 수집은 불가능하며 긴 글을 읽고, 그 맥락 속에서 핵심을 찾아내야만 한다. 이때 필요한 핵심을 찾기 위한 집중력을 저하하는 것이 바로 인터넷의 구조다. 검색어를 입력하면 광범위한 정보 속에서 내가 찾고자 하는 정보에 관련된 정보가 자동으로 나오는 인터넷과 달리 나 스스로 나에게 필요한 정보를 찾아내야 한다는 것이 글의 가장 큰 특징이자 사람들이 글을 읽지 않는 원인이다.

2.2. 챗GPT의 등장

챗GPT의 등장 역시 사람들의 논리적 글쓰기에 변화를 가져왔다. 챗GPT는 2022년 11월에 미국 오픈AI사가 공개한 생성형 인공지능이다. 챗GPT는 기존의 인공지능과 같이 수많은 정보와 데이터를 통해서 스스로 학습하는데, 그 높은 수준이 다른 생성형 인공지능과 차별화된 특징이라고 할 수 있다. 챗GPT는 텍스트는 물론 그림이나 사진과 같은 이미지 및 동영상 생성을 비롯해 코딩 등의 프로그래밍, 그리고 논문이나 보고서와 같은 논리적 글쓰기까지 가능하다. 그러나 이는 인간이 생성한 결과물을 기반으로 하므로, 정보적인 오류 발생, 창의성 없는 글의 생성 등 명확한 단점을 가지고 있다. 이에 대해 오픈 AI사는 2023년 3월에 기존의 버전에서 업그레이드된 GPT-4를 유료 서비스로 제공하기 시작했으며, 단점 중 하나인 허위 정보나 오정보를 답변에 포함하는 부분을 개선한 것으로 알려져 있다.

2023년에 한국언론진흥재단에서 20~50대 1,000명을 대상으로 한 챗GPT 관련 온라인 설문조사에 따르면, 사람들이 챗GPT를 주로 어떤 용도로 사용하는지 물어본 결과 "재미나 호기심 충족"과 "취미, 관심사, 여가 등과 관련된 정보탐색"이라는 답변이 50%가 넘었는데, 이는 개인적인 즐거움을 충족시키기 위한 사용이라고 분석해 볼 수 있다. 또한 업무나 학습 및 자기 계발을 목적으로 사용하는

5) 복수 감각 지향이란 인간의 오감(시각, 청각, 후각, 미각, 촉각)을 동원해서 정보를 수집하는 커뮤니케이션의 감각 체계를 말한다. 문자와 인쇄술의 발명으로 인해 시각적 접근이 지나치게 많아졌으며, 이는 인간의 감각 체계를 단수 감각 지향으로 변화시켰다. 그러나 현재 4차 산업혁명 시대에 멀티미디어의 등장이 인간의 감각 체계를 다시 복수 감각 지향으로 복원시켰다.

사람들은 39.3%로 상대적으로 적은 비율이긴 하나 일정 수 존재하는 것을 알 수 있다. 그러나 이는 챗GPT의 사용 빈도나 사용 시간에 대한 답변은 포함되지 않다는 점에서 집단별로 어느 집단이 더 자주, 더 긴 시간 챗GPT를 사용하는지와 같은 질문에 대한 답을 제공해 주지 못한다는 한계점을 가지고 있다.[6)]

또한 앞서 설명한 설문조사에서 일상적으로 챗GPT를 사용한다고 답한 사람의 주된 사용 목적이 학업 관련 과제와 관련된 정보 수집이었다.[7)] 이 결과로부터 대학생들이 정보를 탐색할 때 혹은 보고서 같은 논리적 글쓰기를 할 때 챗GPT를 사용하고 있다는 것을 알 수 있다. 즉, 사람들이 인터넷에서 정보를 탐색하는 것을 넘어서 이제는 인공지능을 통해서 내가 원하는 정보를 찾는다고 할 수 있다. 인터넷을 통해서 정보를 탐색하는 경우, 우리는 검색어를 입력하고 그 검색어와 관련도가 높은 순으로 여러 정보를 받는다. 수많은 정보 중에서 받은 정보를 하나씩 살펴보고, 또 그중에서 내가 찾는 정보를 찾아내는 것이 인터넷을 이용한 정보 수집의 과정이다. 반면에 챗GPT를 이용한 정보탐색 과정은 내가 원하는 것을 질문하면, 이와 관련된 것을 챗GPT가 모두 제공해 주는 것이다. 예를 들어 "가짜뉴스의 정의와 실제 사례를 알려줘"라고 입력하면 챗GPT가 제공하는 것은 관련도 높은 정보의 다발이 아닌 '가짜뉴스의 정의와 실제 사례'다.

또한 챗GPT의 핵심은 놀라운 글쓰기 능력이다. 보고서나 에세이는 기본이고, 논문이나 전문적인 지식이 필요한 칼럼까지 불과 몇 분만의 짧은 시간에 작성한다. 워싱턴 포스트는 2023년 3월 기사에서 미국 텍사스에 있는 A&M 대학교에서 한 교수가 자신의 수업을 듣는 학생들이 챗GPT를 사용해서 과제를 작성했다고 판단하여, 그 수업을 듣는 모든 학생의 성적을 0점 처리하겠다는 이메일을 보내 학생들을 당황하게 만들었다는 뉴스를 전했다.[8)] 그러나 현재로서는 결과물로부터 인공지능을 사용했는지를 알 방법은 존재하지 않는다. 이 때문에 교수들은 학생들의 과제를 늘 의심해야 하고, 이는 챗GPT의 놀라운 글쓰기 수준을 알 수 있는 사례라고 할 수 있다.

3. 논리적 글쓰기의 유효성

3.1. 논리적 글쓰기가 인간에게 미치는 영향

글쓰기의 유효성을 논의하기에 앞서 논리적 글쓰기가 인간에게 미치는 영향에 대해서 살펴보고자 한다. 논리적 글쓰기가 미치는 영향은 크게 네 가지로 나누어 볼 수 있다. 첫째, 논리적 글쓰기는 스스로

6) 양정애, 「챗GPT 이용 경험 및 인식 조사」, 『Media Issue』 9-3, 한국언론진흥재단, 2023.
7) 김대영, 앞의 기사.
8) Pranshu Verma, "A professor accused his class of using ChatGPT, putting diplomas in jeopardy", *The Washington Post*, May. 18. 2023.

생각하는 힘을 길러 준다. 먼저 논리적인 글을 쓴다는 것은 책이나 논문, 보고서 같은 남이 작성한 글을 읽는 것을 전제로 한다. 왜냐하면 논리적으로 글을 쓰기 위해서는 나의 주장과 이를 뒷받침해 주는 근거가 필요하기 때문이다. 그러나 남의 글을 읽기만 해서는 논리적인 글을 쓸 수는 없다. 논리적인 글을 쓰기 위해서는 글을 읽으면서 든 생각이나 의문, 그 글의 내용에 대해서 찬성하는지 반대하는지 등 내 생각을 정리해야 한다. 따라서 논리적 글쓰기는 스스로 생각하는 힘을 길러 준다고 할 수 있다. 예를 들어 한국에서 가장 맛있는 음식은 떡볶이라고 주장하는 글에 대해서 '나는 김밥이 가장 맛있는 한국 음식이라고 생각한다'와 같이 자기 생각을 펼칠 수 있다. 이처럼 논리적 글쓰기는 어떤 주제에 대한 자기 생각을 형성할뿐만 아니라 자신의 주장을 표현함으로써 다른 사람의 생각에 영향을 미칠 수 있다.

둘째, 논리적 글쓰기는 인간의 비판적인 사고 능력을 길러 준다. 자기 생각을 형성하는 과정에서, 즉 스스로 생각하는 과정에서 동시에 비판적인 사고도 향상된다. 왜냐하면 한국에서 가장 맛있는 음식은 떡볶이라는 주장을 그대로 받아들이지 않고, '왜 한국에서 가장 맛있는 음식이 떡볶이인가?'라는 의문을 가져 보는 것이 자기 생각을 형성하는 시발점이 되기 때문이다.

셋째, 논리적 글쓰기는 인간에게 지식을 심어 준다. 어떤 글을 읽었을 때 내가 모르는 것, 경험해 보지 못한 것에 대해 알게 되는데, 이러한 정보들은 자기 말로 표현하기 전에는 정보일 뿐 지식이라고 할 수 없다. 스스로 생각하는 과정에서 정보가 지식이 되어, 자기 말로 설명할 수 있게 되면 비로소 나의 것이 된다.

넷째, 논리적 글쓰기는 인간의 창의성을 길러 준다. 창의성은 그 사람이 가지고 있는 지식의 양과 큰 상관이 있다. 한국창의성학회에 따르면 창의성이란 "기존에 존재하지 않던(Unprecedented) 독창적(Unique)이고 실용적(Useful)인 산출물 혹은 프로세스를 비교 대상 집단보다 먼저 제시할 수 있는 능력"을 뜻한다.[9] 사람들이 흔히 창의성을 선천적인 능력, 추상적인 개념이라고 오해하기 마련인데,

〈그림 1〉 창의성에 영향을 미치는 요인

9) 한국창의성학회 http://www.theacademyofcreativity.org 참고.

한국창의성학회가 제시하는 개인의 창의성에 영향을 미치는 요인은 〈그림 1〉과 같다.

〈그림 1〉에서 제시된 세 가지 요소를 논리적 글쓰기를 통해서 기를 수 있다. 먼저 책이나 논문을 통해 전문적인 정보에 대해 알게 되고, 이에 대해서 독자가 어떤 감정이나 생각을 경험했을 때 정보가 지식이 되는 과정을 거쳐서 '전문적 지식과 경험'이 습득된다. 다음으로 '창의적 사고 능력'은 타인의 생각을 통해서 다양한 사고방식을 수용하고, 그것을 토대로 자기 생각을 형성함으로써 향상된다. 마지막으로 '동기 부여'는 자기 생각을 세상에 알리고 싶다는 욕구를 충족하는 것이 동기에 해당이 된다. 따라서 논리적 글쓰기를 통해서 이러한 역량을 기르는 것이 창의성에 긍정적인 영향을 미친다고 할 수 있다.

이처럼 논리적 글쓰기는 인간의 다양한 능력을 길러 주는 데 효과적이라는 것을 알 수 있다. 그렇다면 서론에서 제기한 의문을 변형해서 '논리적 글쓰기가 길러 주는 능력들이 4차 산업혁명 시대에 중요한 능력인가'라는 의문을 제기하고, 이에 대해서 본격적으로 살펴보고자 한다.

3.2. 디지털 기술이 대체할 수 없는 인간의 역량

챗GPT는 다양한 영역에서 창작할 수 있다고 알려져 있는데, 이에 대해서 인간 고유의 능력이었던 창의성이 위협받고 있다는 주장이 있다. 또한 대학생들은 챗GPT를 활용한 보고서 대필을 생각해 보거나 이미 시도해 본 학생들이 있을 것이다. 그러나 결론부터 말하자면, 현재 챗GPT는 인간을 대체할 수 있는 수준의 창의력을 가지고 있지는 않다.

2023년 3월, 워싱턴 포스트에서 칼럼니스트 제프리 에이 파울러는 챗GPT가 할 수 있는 것과 할 수 없는 것을 알아보기 위해 실제로 챗GPT를 테스트해 보았다는 제목으로 칼럼을 썼다. 그 실험 결과에 따르면 GPT-4는 놀랍게도 LSAT 퍼즐[10]에서 10점 만점에 9점이라는 높은 점수를 받았고, 다른 다양한 실험에서도 마찬가지로 높은 논리적 사고 능력을 보여 주었다. 그러나 파울러는 챗GPT가 대단한 논리적 사고 능력을 갖추고 있다손 치더라도 인간의 지능의 한계를 아직 넘지 못했다고 주장한다. 그 이유는 바로 창의성 테스트의 결과 때문이다. 파울러는 챗GPT에게 파울러가 과거에 쓴 칼럼을 주고, 칼럼의 시작 부분을 파울러의 스타일로 작성해 보라고 지시했다. 그 결과 GPT-4는 아쉽게도 파울러의 지시에 어긋나는 문장을 생성했고, 실제 파울러의 사상과는 거리가 먼 글을 썼다.[11]

이 결과는 챗GPT는 명확한 한계점이 존재함과 동시에 명확한 장점이 있기에 이러한 장점을 인간이 잘 활용할 수 있어야 한다는 것을 시사하고 있다. 또한 인간은 챗GPT처럼 무수히 많은 정보를 기억할 수 없고, 때로는 논리적으로 판단하지 못할 때가 있지만 그 대신에 높은 창의성을 가지고 있다. 따라서 인간은 챗GPT를 우열을 가리는 상대가 아니라 서로 단점을 보완하는 상호 보완적인 관계를 맺을 상대로 봐야 한다.

---

10) LSAT 퍼즐이란 로스쿨 입학시험으로 사용되는 문제들이다.

11) Geoffrey A. Fowler, "ChatGPT can ace logic tests now. But don't ask it to be creative", *The Washington Post*, March. 18. 2023.

3.3. 챗GPT 활용을 위한 질문 능력과 창의성

인간이 인공지능을 잘 활용하기 위해서는 챗GPT에게 질문을 잘 던져야 한다. 최진석 서강대 명예교수는 2023년 5월에 열린 제2회 미래 문화예술교육 포럼에서 챗GPT를 비롯한 인공지능에 대해서 문명을 만드는 것은 '질문'이며, 기존의 지식을 토대로 결과물을 만들기만 하는 생성형 인공지능은 한계를 가지고 있다고 말하면서 질문의 중요성을 강조했다.[12] 이처럼 인공지능을 잘 활용하기 위해서는 전제에 인간이 존재해야 하고, 이 질문의 질이 결과물의 질을 좌우한다고 할 수 있다.

전문가들은 질문의 질을 높이기 위해서는 소크라테스의 '문답법'이 효과적이라고 말한다. 문답법이란 수사법 중 하나이며, 질문과 대답을 반복함으로써 주장에 숨어 있는 모순을 밝히며 스스로 어떤 것에 대해 모르고 있는지를 깨닫게 하는 대화법을 말한다. 이는 상대가 말하는 것을 그대로 받아들이지 않고 비판적으로 바라보며 질문을 던지는 것으로 비롯된다. 따라서 질문을 하는 힘을 기르기 위해서는 이러한 비판적인 사고와 더불어 스스로 생각하는 힘이 중요하다. 또한 이 문답법은 원래 지식이 있는 자인 소크라테스가 지식이 없는 자에게 묻는 것이기 때문에, 인간이 챗GPT에게 묻는다면 인간 역시 지식이 있는 자가 되어야 한다. 이러한 맥락에서 논리적 글쓰기가 문답법과 비슷하게 기능하므로 논리적 글쓰기가 길러 주는 능력은 4차 산업혁명 시대에 중요한 능력이라고 할 수 있다.

또한 4차 산업혁명 시대에 창의성을 강조하는 이유 역시 창의성이 챗GPT를 활용하기 위해서 중요한 능력이기 때문이다. 흔히 정보에 대한 접근성을 논의할 때 디지털 격차라는 말을 사용하는데, 인공지능이 널리 보급되면 인공지능의 사용 가능 여부가 아닌 인공지능을 얼마나 잘 활용할 수 있는가에 따른 정보 격차가 심해질 수 있다. 이때 중요한 것이 창의성이며, 창의성의 유무가 창작 격차에 영향을 미친다. 창의성이란 연관성이 없어 보이는 지식을 합치고, 지식을 또 쪼개고 연관성을 찾아내는 것에서 비롯하기 때문에, 이 창의성 없이는 많은 정보에 접근할 수 있다손 치더라도 결과물의 질은 낮을 수밖에 없다. 따라서 챗GPT가 창의적인 면에서 약하기 때문에 우리는 챗GPT를 잘 활용하기 위해서 창의성이 더욱 중요해진다고 할 수 있다.

4. 논리적 글쓰기가 길러 주는 능력의 활용

더 나아가 이러한 능력들은 챗GPT 외에도 적용해 볼 수 있다. 예를 들면 최근에 전 세계적으로 문제가 되는 허위 정보에 대응하기 위해서도 이러한 능력들이 필요하다. 인터넷 기술이 급격하게 발전하면서 허위 정보의 판단이 어려워지고 있으며, 이러한 정확성이 떨어지는 정보가 빠르게 전 세계로 확산이 되고, 잘못된 정보가 사실인 것처럼 전달되는 일이 일상적으로 발생하고 있다. 이는 기술적인 차원이나 법률적인

12) 강영연, 「AI, 챗GPT에 겁먹을 필요 없다…인간의 가능성 무한」, 『한국경제』, 2023. 5. 19.

차원에서의 해결이 시급한 문제이긴 하나 인터넷 이용자 측면에서 이를 해결할 방법이 있다면, 그것은 비판적으로 정보를 바라보고, 지식을 토대로 스스로 생각하며 참과 거짓을 판단하는 능력, 즉 미디어 리터러시를 기르는 것이라고 할 수 있다. 논리적 글쓰기가 미디어 리터러시에 직접적으로 영향을 미치는 것은 아니지만, 미디어 리터러시의 근본이 정보를 음미하기 위한 지식과 비판적인 사고 능력이라는 점에서 논리적 글쓰기를 통해서 향상되는 능력이 간접적으로 도움이 될 것으로 예상된다.

5. 결론

이상으로 논리적 글쓰기에 변화를 가져온 사회적 배경부터 출발해 논리적 글쓰기의 유효성, 그리고 논리적 글쓰기가 길러 주는 능력의 활용에 대해서 구체적으로 살펴보았다. 기술이 발달함에 따라 시공간을 넘어서 누구나 쉽게 사용할 수 있는 인터넷의 사용 빈도는 급격히 증가했다. 이러한 잦은 인터넷 사용이 우리의 뇌 구조를 변화시켰으며, 인간은 긴 글을 읽는데 필요한 집중력이 저하된 결과 긴 글을 외면하게 되었다. 또한 챗GPT와 같은 생성형 인공지능이 등장하면서 인간의 논리적 글쓰기는 더욱 위협받기 시작했다. 실제로 챗GPT를 통해 일상생활에서 업무나 학업과 관련된 정보를 수집하고, 심지어는 보고서를 대필하는 사례까지 등장하고 있다는 점에서 인간이 더 이상 글을 쓰지 않아도 되는 시대가 왔다는 주장이 있었다. 그러나 파울러의 실험을 통해서 챗GPT는 논리적 사고 능력은 인간보다 높을지언정 창의성에 있어서는 인간을 대체할 수 없으며, 챗GPT와 인간은 상호 보완적인 관계를 맺어야 한다는 것을 알 수 있었다.

논리적 글쓰기는 스스로 생각하는 힘, 비판적인 사고를 길러 주고 인간에게 지식을 심어 주는데, 이러한 능력과 지식은 4차 산업혁명 시대에 챗GPT를 잘 활용하기 위해 필요한 '질문'의 질을 높이는 데 중요하다. 또한 논리적 글쓰기가 길러 주는 창의성은 많은 정보를 활용할 수 있는 능력과 밀접한 관계가 있으며, 창의성 역시 4차 산업혁명 시대에 필요한 능력이라고 할 수 있다. 더 나아가 이러한 능력들은 챗GPT 외에도 4차 산업혁명 시대에 중요한 미디어 리터러시를 향상시키는 데도 도움이 된다.

본고에서는 4차 산업혁명 시대를 맞아 기술 발달로 인해 글을 읽고 쓸 기회가 감소하고 있는 시점에서 '논리적 글쓰기는 여전히 유효한가'라는 의문을 제기해 보았다. 필자는 이 물음에 대해 '유효하다'라고 답하고자 한다. 문명을 만드는 것은 인간이며 기술의 발달은 인간을 돕는 도구일 뿐 인간을 대체할 수는 없다. 그러나 기술이 인간을 위협하지 않는다는 것은 아니며, 인간은 기술을 활용하기 위해 계속해서 노력해야 한다. 더 나아가 앞으로도 급격한 속도로 진화하고 변화할 환경 속에서 생겨날 문제들에 대비해, 인간 역시 어떻게 진화하고 변화해야 할 것인가에 대해서 생각해 볼 필요가 있다.

참고문헌

강영연, 「AI, 챗GPT에 겁먹을 필요 없다…인간의 가능성 무한」, 『한국경제』, 2023. 5. 19.

권민지, 「책 읽기·글쓰기 병행 '생각하는 힘' 키워라」, 『조선에듀』, 2019. 11. 18.

김대영, 「대학생 10명 중 4명이 쓴다…너도나도 챗GPT, 일상 속 용도는?」, 『매일경제』, 2023. 3. 20.

니콜라스 카, 『생각하지 않는 사람들』, 최지향 역, 청림, 2011.

박은영, 「논리적 글쓰기에서 내용 조직과 표현의 양상 분석」, 광주교육대학교 석사학위논문, 2010.

송숙희, 『150년 하버드 글쓰기 비법』, 유노북스, 2022.

양정애, 「챗GPT 이용 경험 및 인식 조사」, 『Media Issue』 9-3, 한국언론진흥재단, 2023.

엄기호, 「챗지피티는 묻는다, 어떻게 물을래」, 『한겨레』, 2023. 4. 3.

이상준, 「AI 교육 시대, 책읽기와 글쓰기의 필요성」, 『조선에듀』, 2021. 4. 8.

이세원, 「"10대 청소년, 하루 8시간 인터넷 사용"…평균 수면 시간과 비슷」, 『연합뉴스』, 2022. 12. 1.

이승연, 「"과제 냈더니 A+"…챗GPT '대필'에 국내 대학 무방비」, 『연합뉴스』, 2023. 2. 9.

이주영, 「AI시대, 질문의 힘」, 『조선에듀』, 2023. 5. 17.

이주현, 「미래에 '뜰 직업'이 뭐냐고요」, 『한겨레』, 2019. 7. 10.

한국창의성학회, http://www.theacademyofcreativity.org

Geoffrey A. Fowler, "ChatGPT can ace logic tests now. But don't ask it to be creative", *The Washington Pos*t, March. 18. 2023.

Pranshu Verma, "A professor accused his class of using ChatGPT, putting diplomas in jeopardy", *The Washington Post*, May. 18. 2023.